カタチで覚え  える！

JN001497

のほほん

日本史
入門

著 **玉先生**
WEB玉塾塾長

監修 **本郷和人**
東京大学史料編纂所教授

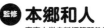

日本図書センター

この本は
"歴史の流れをうまくつかめない人"
のためにつくったんや！

◎ 歴史は流れが大事！

おう！ みんな『のほほん日本史入門』を買ってくれて、どうもありがとな♪ この本はこれから日本史を学ぶ中学生や日本史が苦手な高校生にあわせてつくったんや（おとなの学び直しや、公務員試験にも役立つと思うで）！ というのも、「歴史が苦手！」とか「歴史なんて大嫌い！」とかいうてるやつは、だいたい歴史の知識を流れでまとめられてなくて、頭の中でバラバラになってんねん☆ ほんで流れをおさえてないとせっかく覚えた知識も使いにくいし、よう忘れる！

やから、この本は「歴史を流れでおさえる」工夫をしてんねん♪

バラバラの知識は
あつかいにくい！

これ読んでるやつは歴史が苦手なのかもしれんけど、この本手に取ったってことは、なんとか乗りこえようとしてるってことやろ？ それは本当にすごいことやとオレは思うで♪ がんばりよ！

2

◎ 覚えやすいうえ、思い出しやすい工夫！

この本の「歴史を流れでおさえる」ための一番の工夫は、**歴史の流れをアルファベットの形にしとるところや！** アルファベットの形なら、みんな知ってるやろ？ こうすることで、歴史の流れが形でつかめて、全体が把握しやすくなるんや♪

さらに知識を思い出しやすくする工夫もしとる！ この本には**オレが考えたギャグとイラストがたくさん出てくるから、歴史が苦手な人でもとっつきやすい☆** ギャグはツッコミどころなんかもあるから、それがきっかけで忘れた知識もきっと思い出すで♪

◎ 授業がめっちゃ楽しくなる！

この本は歴史のなかでも、**とくに流れに必要なところをピックアップしとるから、短い時間で全部読める☆** やから、短時間で一気に復習ができるし、何度も読めて暗記もしやすいんや♪

それだけやない！ この本で先に歴史の流れをおさえ、流れにそって重要人物を覚えておけば、授業や塾、本などの勉強がめちゃくちゃよく理解できるうえに、よゆうをもって先生の話が聞けるから、授業もめっちゃ楽しくなるんや♪

やから、歴史の点数もきっと伸びるはずやし、この本がきっかけで、歴史が大好きになるやつとか出たら、オレもめちゃくちゃうれしいわ♪

授業なんて寝てまえ星人が生まれない！

授業なんて寝てまえ星人の誕生

スピー

WEB 玉塾塾長 玉先生

この本の特色

カタチで流れを覚えちゃう!

① この本は歴史の流れが
アルファベットの形と
順番になってるんや!

アルファベット
ならみんな
覚えてる
やろ?

縄文

弥生

ふつうは縄文とか
弥生って感じで
表しますよね?

② こんな具合や!

あとは
Dが奈良
Eが平安
って…

A 時代
(縄文・弥生)

B 時代
(古墳・飛鳥)

C 時代
(飛鳥)

③ アルファベットに
する意味って
あるんですか?

わざわざ
しなく
ても…

④ それがこの本の
最大の特徴や♪

ポイント1

各時代の流れが
アルファベットの形に
置きかえてあるから
視覚的につかめる♪

⑤

だからテストのとき
めっちゃ思い出し
やすいんや！

鎌倉時代の流れは
たしかKの形。
Kの右上に
あった
出来事だ！

鎌倉時代って
どんなことが
あったん
だっけ？

⑥

1つ注意して
ほしいとこは、
流れは書き順と
ちがうってことな！
上から下にって
見ていってくれ。

○正解○　×まちがい×

※ようはタテ軸が時間を表してる！

⑦

アルファベットの
色にも意味
あんねん!!

天皇（朝廷）のこと

天皇のサポート役や幕府のこと

そのほか（おもに海外）のこと

⑧

これでも
「I」がない
ですよ？

Hのつぎが
Jになってます！

⑨

だって歴史には
愛がないからな！

愛＝I

しょうもない…

開かなきゃ
よかった…

歴史は権力の
奪い合い、
やから、すごく非情で
愛（I）なんて
ないんや！

5

この本の特色

ギャグでポイントを覚えちゃう!

① この本にはオレが考えた
ギャグがめっちゃある♪
しかもイラスト付き多数!

たとえば
こんなん
とか...

ガシッと強そうな蘇我氏が、
ベシッと物部氏をぶっとばす

② 楽しいうえに
覚えやすい!

これが
2つ目の
特徴や.

ポイント 2
ギャグが頭に残って
覚えやすくなるから
テストのときに
思い出しやすい♪

インパクト
強いから
覚えますね。

③ これでバッチリ
かんせい!!
そっへん

寛永通宝
かんえい

でもこれとか
かなり苦しい
ですね...

④ いや逆にこれが
頭に残るねん♪

⑤ ギャグの苦しさのおかげで逆に思い出すんや！

ここのギャグなんか強引な感じだな…

かんえいとかんせいって…

テスト

あっ!! これは完成度の低いあの寛永通宝が答えだ♪

カリカリ　スラスラ

⑥ さらに人物名と歴史がギャグで関連づけられてるのもあってさらに覚えやすい♪

しかもこれ西郷だけに西・S時代のことやし.

西郷隆盛は西郷だけにやったことは「せい5」ってせいがつくこと5個!!

まさに「せいら」でごわす!

学制
徴兵制(徴兵令)
地租改正
征韓論
西南戦争

⑦ そんなギャグが約300個 歴史本史上ダントツNo.1

大人も全部かぞえきれてないと思う.

みんなはいったいいくつ見つけられるかな？

この本の特色

自分だけの参考書に育っちゃう!

① この本はけっこう
すき間があるから
書きこめるんや♪

とくにまとめの
アルファベット
のところな

例

学校や塾、
本で学んだ
ことを自由に
書きこめる♪

② 自分で考えて書きこめば
より頭に入るのだ!

でも
まずはこの本を
頭に入れてから
書きこめ!!

カリ
カリ

③ できたー!!

④ こんなんただの
落書きやーっ!
まぁでもこれも
頭に残るけど…

なので好きに書け.

うっふ〜ん♥

ホラ!!

ポイント3

本が育ったら
問題集などを
この本を見つつ
解いていくと、
点数がアップ♪

8

短時間で読めちゃうし アニメ授業も見られちゃう!

① 歴史を短時間で一気に復習できるんだよ♪

この本の編集
堀田さん

《読む時間》
2時間

1回目計測時
読みなれるともっともっと
短時間で読める♪

---

② QRコードでアニメ授業が見られるのよ♪

おばちゃん
酒井今日子

《アニメ授業》
20話

このQRコードに注目!

---

③ ほかにもいろんな教材がWEB玉塾にあるんだ♪

生徒役
ボクくん

歴史カルタ
単語カード

点数アップ
チョコシート

楽しく勉強
スマホアプリ

※ホームページは無料で広告も登録もないから安心やで♪

---

④ WEB玉塾にはたくさんのおもしろアニメもあるで♪

この本の作者
玉先生

《ネタアニメ多数》
タコ焼き機の使い方とかいいで!!

それ一番いらん
情報だろーっ!

WEB玉塾については252ページにくわしく書いてあるよ。

もくじ

通史 縄文・弥生時代から昭和・平成時代まで

文化史 飛鳥文化から大正文化まで

登場人物紹介

● おばちゃん
近所に住むおばちゃん。こう見えてもけっこう若くて、家事が得意で家庭的。本名は酒井今日子。

● 玉先生
WEB 玉塾の塾長。いろんなアイデアを生み出す発明家で、今回、歴史の流れを頭に入れるにはどうしたらいいかを発明して、本にしてみた！

● ボクくん
近所の中学生。玉先生やおばちゃんの子どもというわけではないが、アニメで合いの手役をしてくれている。

通史

縄文・弥生時代から
昭和・平成時代まで

この「通史」では、日本史全体を通して見ていくで！
その前に、「通史」の見方を右ページで確認しておいてくれ。
たとえば、古墳時代や飛鳥時代は
Bの形で時代の流れを説明できるねん。
やからB時代なんや。
黄色や青色などのラインは、
Bの形の一部ってことやねん。
このラインで日本史の流れをおさえれば、
めちゃくちゃ思い出しやすいんや。

通史の見方

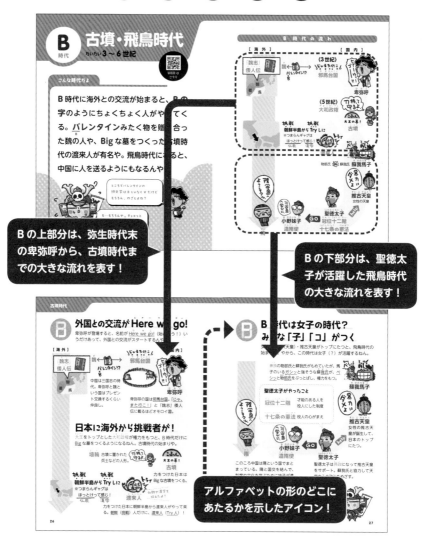

★各時代にアニメ授業が見られる **QR コード** が付いているよ。
（アニメ授業は、AB 時代など基本的に 2 つで 1 つの動画になっているよ）

A 時代

縄文・弥生時代

だいたい1万年前～3世紀

WEBは
こちら

こんな時代だよ

氷河期が終わり、日本列島ができたころから縄文時代がスタートするんや。生活や道具は、縄文時代と弥生時代で大きく変わるねん。Aの字のごとく、<u>えぇ感じ</u>に真ん中の線で分けられるから、この2つの時代は A 時代や！

A

縄文と弥生をまとめると
A の形になるなんて
おどろきやろ？

なるほどね！
これは覚えやすいわね。

Ａ　時　代　の　流　れ

縄文時代
（約1万年前）
貝っぽい文化

氷河期終了

[生 活]

[道 具]

縄文土器
_{じょうもんどき}

かいづか
貝塚

磨製石器
_{ませいせっき}

たてあなじゅうきょ
竪穴住居

くっそう
屈葬

土偶
_{どぐう}

採集・狩猟と石器・土器

- -

農耕と金属器・土器

弥生時代
（約2400年前）
キラキラ文化

いなさく
稲作

弥生土器
_{やよいどき}

青銅器
_{せいどうき}
（銅鏡・銅鐸）
_{どうきょう　どうたく}

たかゆかそうこ
高床倉庫

鉄器
_{てっき}

金印
_{きんいん}

17

縄文の生活は貝っぽい

氷がとけて海にかこまれた日本は、海の幸「貝」の魅力にとりつかれたんや！ 縄文の生活＝貝やな。

［ 生 活 ］

貝塚
かいづか

縄文人は山ほど貝を食べていた。貝塚はその証拠。

竪穴住居
たてあなじゅうきょ

住む家の竪穴住居もサザエそっくり！

屈葬
くっそう

死んだときも、貝のように折りたたんで埋葬。

［ 道 具 ］

おいしい貝汁

縄文土器
じょうもんどき

煮たきに使った縄目の文様のある土器。貝汁をつくるためにつくられた（たぶん）。

磨製石器
ませいせっき

ムール貝の形にそっくりな磨製石器。

縄文時代の美少女フィギュア

目が貝

土偶
どぐう

土偶という女性の人形も目のところが貝っぽい。

生活が貝っぽいなら、使う道具も貝っぽいな

生活は採集や狩猟　　　　**道具は石器や土器**

弥生は金属でキラキラ文化

貝時代がパワーアップ。貝×2＝カイカイ（海外）の知識が入ってくると、石器から金属器の時代に。弥生の文化はキラキラや。

生活は農耕

稲作（いなさく）

秋に実った黄金色の稲穂が金ピカの海に見える稲作もこの時代から。

高床倉庫（たかゆかそうこ）

米を守る高い建物の高床倉庫。この時代の都会感あるキラキラ物件。

道具は金属器や土器

弥生土器（やよいどき）

うすくてツルツルの土器。

青銅器（銅鏡・銅鐸）（せいどうき　どうきょう　どうたく）

まつりで使われたキラキラアイテム。

鉄器（てっき）

ギラギラかがやく農具や武器。

金印（きんいん）

中国の王様からもらった金ピカのはんこ。

金属器はもちろん稲穂も土器もみんなキラキラや

玉たま歴史こばなし

日本史の始まりを呼ぶ卑弥呼

日本の歴史で最初に名前が出るのは、弥生時代の最後らへん（3世紀ごろ）に登場する卑弥呼。日本の歴史の始まりをつげる女王やから、「Here we go！（訳：さあ、始めよう！）」ってことで、卑弥呼って名付けられたんかな。

このころって、まだ日本には文字がないころなんで、日本の本やなく中国の本に名前がのってるんや。中国はちょうどゲームやマンガなんかで有名な魏・呉・蜀の三国志の時代やねん。その三国のなかの魏の国の本の倭人伝ってのに書いてあったんやって。

ほんでも、このころの日本は卑弥呼がおさめた邪馬台国ってくに以外にも、たくさんの小さなくにがあって、おたがい戦ってたから、今の日本が邪馬台国から生まれたのか、それともほかのくにから生まれたのか、それはわからんのや。

そんなわけで、この弥生時代末にあらわれた最初の歴史上の人物、卑弥呼からつぎのB時代を始めるで。

Bからはとくに
アルファベットの形
に注目して読む
と頭に入るで♪
合格

人間の始まり「もうサルであらざる！」

猿人

　オレらの祖先は、700万年くらい前にアフリカで生まれたサルやってん。サルいうても、しっぽがなくて、2本足で立って歩いてたんや。猿人いうて簡単な道具も使えたんやて。

⬇ 進化

原人

　200万年くらい前になると、猿人から進化した原人が登場するねん。原人は、なんと言葉や火や打製石器を使えるんや。右の絵を見てみい。なんか口まわりが進化しとるやろ。

⬇ 進化

新人

　20万年くらい前には、今のオレらとDNA的にほとんどちがわない新人があらわれるんや。原人は、石を割ってつくった打製石器を使っとったから、まあダサかったんやろな。でも、新人になると、ピカピカに磨かれた磨製石器を使いだすんや。おませさんやな。新人は土器も使うようになるねん。
　ダセぇ打製石器を使っていた時代を旧石器時代。おませな磨製石器を使っていた時代を新石器時代っていうんや。

掘り下げ キーワード

縄文

採集・狩猟 ➡ 縄文時代、人々は木の実を採集したり、弓矢や石器などを使って狩りや漁をしてくらしていた。

骨角器 ➡ 動物の骨や角でつくった縄文時代の道具。

木器 ➡ 木でつくった弓矢や船などの縄文時代の道具。

抜歯 ➡ 縄文時代の人は、成人の儀式として歯を抜いた。

貝塚 ➡ 縄文人が食べた貝のからや、けものや魚の骨などをすてた場所の跡。

大森貝塚 ➡ 動物学者のモースが発見し、日本で最初に調査された貝塚。

三内丸山遺跡 ➡ 青森県で発見された縄文時代の大集落の跡。

弥生

田げた ➡ 水田で作業するときに使うはきもの。

石包丁 ➡ 弥生時代に使われた稲の穂をつみとる道具。

青銅器 ➡ 銅鏡・銅鐸・銅剣などの青銅器は、おもにまつりで使われた。

鉄器 ➡ 鉄器は農具や武器などに使われた。

登呂遺跡 ➡ 静岡県で発見された弥生時代の代表的な農耕集落の遺跡。農具や水田の跡などが発見された。

むら ➡ 稲作が盛んになると、貧富の差ができ支配者が生まれ、むらができた。

くに ➡ むらどうしで争いがおこると、勝ったむらが負けたむらを従え、小さなくにをつくった。

倭 ➡ 大昔の中国で使われていた日本の呼び名。

『漢書』地理志 ➡ 中国をおさめていた前漢という国の歴史書。日本には100あまりの小国（くに）があったと書かれている。

奴国 ➡ 九州北部にあったくに。中国をおさめていた後漢という国から、「漢委奴国王」と刻まれた金印を授けられる。

吉野ヶ里遺跡 ➡ 佐賀県で発見された弥生時代のくにの遺跡。周囲が堀でかこまれた環濠集落で、さらに二重の柵でかこわれていた。まわりを見張る物見やぐらもあった。

授業などで知ったおもしろ裏話を
ここに**メモ**るんや！

B
時代

古墳・飛鳥時代
だいたい 3 〜 6 世紀

WEB は
こちら

こんな時代だよ

B 時代に海外との交流が始まると、B の字のようにちょくちょく人がやってくる。**バレンタイン**みたく物を贈り合った魏の人や、**Big** な墓をつくった古墳時代の渡来人が有名や。飛鳥時代になると、中国に人を送るようにもなるんや！

ところでバレンタインの頭文字は B じゃなく V だけどもちろん、わざとよね？

も…もちろんや。チョコっとみんなをためしたんやけど、さすがにバレたか。

24

[海外]　　　　　　　　　　　　　　[国内]

『魏志』倭人伝
（ぎし　わじんでん）

魏（ぎ）
バレンタイン!?
・B

《3世紀》
じゃまた行こ
邪馬台国（やまたいこく）

ヒマーウィーゴー!!

卑弥呼（ひみこ）

魏
蜀　呉

《5世紀》
刀持って守るよ。
大和政権（やまとせいけん）

こふん
大王の墓！
古墳（こふん）

挑戦　挑戦
朝鮮半島から Try しに
※つまらんギャグは
　ほっとけって感じ！
仏教　漢字

トライ
渡来人（とらいじん）

物部氏 ✕ 蘇我氏　蘇我馬子（そがのうまこ）

暴力はダメよ

推古天皇（すいこてんのう）
女性の天皇

隋（中国）へようこそアル。

隋（中国）へ学びに。

小野妹子（おののいもこ）
遣隋使（けんずいし）

GO

聖徳太子（しょうとくたいし）
冠位十二階（かんいじゅうにかい）
十七条の憲法（じゅうしちじょうけんぽう）

help

隋（ずい）

外国との交流が Here we go!
ヒアー ウィー ゴー

卑弥呼が登場すると、名前が Here we go!（始めよう！）いうだけあって、外国との交流がスタートするんや。

[海外]

『魏志』倭人伝

魏

魏 蜀 呉

バレンタイン!? B

中国は三国志の時代。卑弥呼と魏という国はプレゼント交換するくらい仲良し。

[国内]

邪馬台国

卑弥呼

卑弥呼の国は邪馬台国。「じゃ、また行こ！」と『魏志』倭人伝に載るほどオモロイ国。

日本に海外から挑戦者が！

大王をトップとした大和政権が権力をもつと、B時代だけにBigな墓をつくるようになるねん。古墳時代の始まりや。

埴輪 古墳に置かれた兵士などの人形。

刀持って守るよ。

こふん 大王の墓！ 古墳

力をつけた日本はBigな古墳をつくる。

挑戦 挑戦
朝鮮半島から Try しに
※つまらんギャグはほっとけって感じ！

トライ

渡来人

仏教 漢字

仏教や漢字を伝えたよ！

力をつけた日本に朝鮮半島から渡来人がやって来る。朝鮮（挑戦）人だけに、渡来人（Try 人）！

B 時代は女子の時代？
みんな「子」「コ」がつく

女性の大王（天皇）・推古天皇がトップにたつと、飛鳥時代の始まりや。やから、この時代は女子（？）が活躍するねん。

豪族の物部氏と蘇我氏がもめていたが、馬子のいるガシッと強そうな蘇我氏が、ベシッと物部氏をぶっとばし、権力をもつ。

蘇我馬子

聖徳太子がやったこと

冠位十二階　才能のある人を役人にした制度

十七条の憲法　役人の心がまえ

推古天皇

女性の推古天皇が誕生して、日本のトップにたつ。

隋

小野妹子
遣隋使

GO

help

聖徳太子

このころ中国は隋という国でまとまっている。隋と国交を結んで、制度や文化を学ぶために妹子が遣隋使として送られる。

聖徳太子は摂政になって推古天皇をサポート。蘇我氏と協力して天皇中心の政治をめざす。

馬子、推古、聖徳太子、妹子って、ほら、みんな「子」「コ」がつくやろ？本当は推古以外、男やけどな。

玉先生的 歴史考察

日本の歴史はダジャレでみちあふれている!?

　　日本はみんなダジャレで名前を付けてたんやと、玉先生はニラんどる。「Here we go!（ヒアー ウィー ゴー）」の卑弥呼（ひみこ）。「じゃ、また行こ！」の邪馬台国（やまたいこく）。挑戦しに朝鮮（ちょうせん）から Try（トライ） しにくる渡来人（とらいじん）。物部氏（もののべし）はベシッとぶっとばされて、蘇我氏（そがし）が権力をガシッとつかむ。厩戸皇子（うまやとのおうじ）（聖徳太子のこと）は「うまや♪」いうとるだけあって、スイカ（推古）（すいこ）やイモ（妹子）（いもこ）とがんばるしな。な？　みんなダジャレやろ？　オレ、玉先生はかなり見つけて、この本やアニメ授業で紹介しとるから、みんなもオレに負けんくらい見つけまくってみ！

オレと勝負や！

まちがえやすいもの 対決

土偶（どぐう）と埴輪（はにわ）

どちらも土製で似てるけど、いろいろちがうとこもあるねん。

刀で守る

土偶		埴輪
女	性別	男
魔除けや家族繁栄などをいのってつくられた女性の人形。	使われ方	古墳のまわりにおかれた兵士の人形。大王を守るため男性。

日本史鉄則 ● 大きな権力をもつ者は1人！

　海にかこまれた日本は、土地がせまいからそんなに多くの国はできん。世界は広くてめっちゃ土地があるので、大きな国も小さな国もたくさん生まれるけど、日本では、大きな勢力をもつ国はだいたい1つなんや。やから、権力者もその国をおさめる者1人になるんやな。

　ちょうど、運動場の広い学校では、サッカーやドッジボール、ケードロって、大きなスペースがいる遊びを同時にできるのに、運動場が小さい学校やと、どれか1つしか遊べないのと同じようなもんや。

大きな国がたくさんできる！

大きな国は1つ！

いろいろ遊べる！

1つしか遊べない！

Ｂ時代の日本史年表

593 年 聖徳太子（しょうとくたいし）が摂政（せっしょう）になる
603 年 冠位十二階（かんいじゅうにかい）
604 年 十七条の憲法（じゅうしちじょうのけんぽう）
607 年 遣隋使を派遣（けんずいしをはけん）

掘り下げ キーワード

親魏倭王（しんぎわおう） ➡ 魏（ぎ）に使いを送った卑弥呼（ひみこ）が授けられた称号。ほかにも、金印や銅鏡 100 枚などを授かった。

邪馬台国（やまたいこく） ➡ 卑弥呼がおさめていた国。邪馬台国の場所は近畿説と九州説の２つある。もし近畿にあったとすれば、後の大和政権とのつながりが考えられる。

豪族（ごうぞく） ➡ 土地や財産などの力をもつ一族。

大和政権（やまとせいけん） ➡ 大和（奈良県）を中心に豪族が集まってつくった強力な政権。大和政権の政府を朝廷（ちょうてい）という。代表的な豪族が物部氏（もののべし）と蘇我氏（そがし）。

大王（おおきみ） ➡ 大和政権の王は大王（おおきみ）といい（「だいおう」ともいう）、後に天皇と呼ばれるようになった。

古墳（こふん） ➡ 大王や地方の豪族の大きな墓。３世紀後半から６世紀末までを古墳が盛んにつくられたため古墳時代という。

前方後円墳（ぜんぽうこうえんふん） ➡ 古墳時代につくられた前が四角で後ろが円になった大きな古墳。

大仙（山）古墳（だいせん〔こふん〕）と五色塚古墳（ごしきづかこふん） ➡ 代表的な前方後円墳。大仙（山）古墳は大阪府に、五色塚古墳は兵庫県にある。

副葬品（ふくそうひん） ➡ 死者とともに古墳にうめたもの。鏡・玉・武具・馬具などがある。

儒教（じゅきょう） ➡ 渡来人（とらいじん）は、仏教のほかに儒教という孔子（こうし）の教えも伝えた。

須恵器（すえき） ➡ かたくて黒っぽい土器。渡来人はいろいろな技術も伝えた。

摂政（せっしょう） ➡ 天皇の正式なサポート役。後に藤原氏（ふじわらし）がこの役職で活躍。

冠位十二階 ➡ 家柄などではなく、能力がある人物を朝廷の役人にする制度。大徳・小徳というように、徳・仁・礼・信・義・智の6つの位をそれぞれ大小に分けた12の位をつくり、6つの色で分けた。

十七条の憲法 ➡ 朝廷の仕事に対する役人の心がまえを示したもの。仏教や儒教の教えが取り入れられた。

memo 授業などで知ったおもしろ裏話をここにメモるんや！

C 時代

だいたい **600～700**年

飛鳥時代
（あすかじだい）

WEBは
こちら

こんな時代だよ

C時代は**チェンジ**の時代や。中大兄皇
子は中臣鎌足といっしょになって蘇我入
鹿を倒すと、天智天皇に**チェンジ**！　そ
の弟の大海人皇子も大友皇子をやっつけ
て天武天皇に**チェンジ**！　国も天皇中心
に**チェンジ**や！

遣唐使によると、中国では
「法」と「王様」でまとまっ
ているらしいわよ。

法王
ほお――（感心）！
すごいな中国。

32

645 年
大化の改新
<small>たいか　かいしん</small>

公地公民 など
<small>こうちこうみん</small>
唐を参考に

中臣鎌足
<small>なかとみのかまたり</small>
＋
中大兄皇子
<small>なかのおおえのおうじ</small>

乙巳の変
<small>いっし　へん</small>

蘇我入鹿
<small>そがのいるか</small>
＋
蘇我蝦夷
<small>そがのえみし</small>

戸籍で
<small>こせき</small>
全知全能に！

天智天皇
<small>てんじてんのう</small>

《中国》隋 ➡ 唐
<small>とう</small>

《朝鮮》➡ 新羅 が統一
<small>しらぎ</small>

日本史鉄則 ●
跡継ぎでもめる！

大海人皇子
<small>おおあまのおうじ</small>
天武天皇
<small>てんむてんのう</small>

天智のあと武力で

 弟

672 年
壬申の乱
<small>じんしん　らん</small>

 子
大友皇子
<small>おおとものおうじ</small>

701 年
大宝律令
<small>たいほうりつりょう</small>

刑罰やら政治の決まり

貴族となって
都にすむぞ…

天皇中心で豪族は貴族に

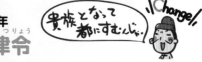

33

C 時代だけに中国がチェンジ

隋は 30 年くらいで滅び唐へチェンジするんや。その唐へ、推古天皇が死んだ後も大和政権は遣唐使を送るねん。

《中国》隋 ➡ 唐

「律令（法）」と「皇帝（王）」で唐はまとまる！

ほうおう
鳳凰

日本は天皇（王）はいるけど、律令（法）がない。遣唐使は唐をまねた方がいいかもと検討し始めてん。

日本も チェンジ：大化の改新

聖徳太子の死後、蘇我氏は大和政権の権力を一人占めしたんや。不満をもった中大兄皇子らが権力者をチェンジさせるねん。

中中コンビ

大化の改新

入鹿親子

なかとみのかまたり
中臣鎌足

なかのおおえのおうじ
中大兄皇子

いっし へん
乙巳の変

そがのいるか
蘇我入鹿

そがのえみし
蘇我蝦夷

土地や人は国のもの！

こうちこうみん
公地公民

豪族たちのものだった土地や人は、天皇中心の国づくりを進める中中コンビが勝ったことで、すべて国（天皇）のものに。

中大兄皇子と中臣鎌足の中中コンビが、豪族の蘇我入鹿を「こんなやつ、いるか！」と倒す。蘇我氏の力は弱まる。

中国、日本に続き 朝鮮半島も チェンジ

朝鮮半島でも**チェンジ**の時代がくる。新羅が唐の協力を得て、敵国を倒し、朝鮮半島を統一するんやで。

《朝鮮》➡ 新羅が統一

C時代だけに高句麗（Co）、新羅（Ci）、百済 （Cu） の3つの国が争っていたが、新羅が統一。

白村江の戦い

日本は百済を応援してともに戦うが、新羅と唐の軍に敗れる。

GoGo くだら

中大兄皇子もチェンジ！ とうとう天皇に

天皇中心の国づくりを進めてきた中大兄皇子は、都を大津宮（滋賀県）にチェンジすると、自分も天皇にチェンジするんや。

中大兄皇子

中大兄皇子は天智天皇になると、C時代だけに戸籍（Co）をつくって国民の数を調べた。

Change

天智天皇

戸籍で全知全能に！（天智天皇だけに）

ちなみに、このころ、中臣鎌足も藤原鎌足に名前をチェンジしとるで。これが後に出てくる藤原氏のスタートになるんや。

C 天智天皇死後 跡継ぎ問題発生：壬申の乱

チェンジの天智天皇が死ぬと、跡継ぎ問題で天智天皇の弟と息子がもめまくるんや。

弟
大海人皇子
（おおあまのおうじ）

壬申の乱（じんしん らん）

子
大友皇子
（おおとものおうじ）

大友皇子は「ダイカイジン」とこわそうな名前の大海人皇子に負ける。

天武天皇（てんむ てんのう）
天智のあと武力で

勝った大海人皇子は、天武天皇にチェンジ。

大宝律令（たいほうりつりょう）

つぎのつぎの天皇（文武天皇）のとき、ついに日本に足りなかった律令（大宝律令）がつくられる。

貴族（きぞく）

土地と人をさし出した豪族は大和政権（朝廷）の役人になる。大宝律令ができた後は貴族と呼ばれた。

中国のように王（天皇）と法（律令）がそろった！

天智天皇の死でスタートする壬申の乱。天智の死→てんじのし→じのし→じんしん→壬申の乱と暗記や！

日本史鉄則 ● 跡継ぎでもめる!

　世界史だと、世界は広いから戦いに負けたとき、どっか遠くへ逃げて国をつくるってことがおこる。でも、海にかこまれてせまい日本だと、逃げられないから滅ぼされて、基本的に「大きな権力をもつ者は1人!（→ P.29 日本史鉄則）」になるんや。

　やから、日本史では国どうしの戦いはほとんどなく、国内での権力争いがメインになんねん。ちょうどイスが1つのイス取りゲーム状態みたいなもの。もし、イスに座っている権力者が死ぬと、イス取りゲームで音楽がストップしたときみたく、イスのまわりの有力者がイスに向かって一気に走りぶつかる。これが内乱やな。だから、跡継ぎ決めは大切やねん。

| 権力者は1人 | 内乱、国が弱る |

　それぞれの時代で、跡継ぎでもめない工夫してるから、そこを注目してみてな。

Ｃ 時 代 の 日 本 史 年 表

630 年 遣唐使を派遣

645 年 大化の改新で中二病が無事故の国づくり！
中大兄皇子
中臣鎌足
6 4 5

672 年 壬申の乱は無難に弟が勝って天武天皇に！
6 7 2

701 年 大宝律令で刑罰と法律ができ、なおいい国に！
7 0 1

掘り下げ キーワード

遣唐使 ➡ 中国が唐に代わった後も、政治制度や文化を学ぶため遣唐使の派遣が行われ、894 年に停止されるまで十数回派遣された。

大化の改新 ➡ 中大兄皇子たちが行った政治改革。乙巳の変で蘇我氏を弱まらせ、公地公民を行った。こうして権力が中央の大和政権に集中した（中央集権）。

白村江の戦い ➡ 新羅・唐の連合軍と百済・日本の連合軍の戦い。これに敗れた日本は、新羅と唐の軍に備え、西日本の防備をかためた。

藤原鎌足 ➡ 中臣鎌足が亡くなるとき、天智天皇は鎌足の功績を称え、藤原姓をおくった。

大宝律令 ➡ 唐にならって、日本でつくられた律令。「律」は刑罰について定めたもの。「令」は国の制度や政治の決まり。

律令政治 ➡ 律令にもとづく政治。

国司 ➡ 中央（大和政権）から送られた地方をおさめる貴族。国司の下に郡司・里長をおいた（国郡里制度）。

大宰府 ➡ 九州地方をおさめるため今の福岡県に大宰府が置かれた。海外から国を守ったり、海外と話し合ったりした。

memo

授業などで知ったおもしろ裏話を
ここにメモるんや！

D時代 奈良時代
だいたい 700 ～ 800 年

WEBは
こちら

こんな時代だよ

D時代は、<u>でっかい</u>平城京に都を移した
<small>D</small>
ところからスタートするんや。平城京
を都にしていた時代を奈良時代いうね
ん。奈良時代は天皇たちが行った政策と、
天皇をサポートした人物でまとめられ
る。ほら、**D**の形やろ！

奈良時代は、
桓武天皇が都を移して、
「完」や！

都を離れるときは、
<u>感無量</u>なのかもね。

［　天　皇　］

710年
へいじょうきょう
平城京
約10万人

奈良県

わ　どうかいちん
和同開珎
Do

はんでんしゅうじゅのほう
班田収授法

そ **租**	稲をくれ
ちょう **調**	特産物をくれ
よう **庸**	布をくれ
ぞうよう **雑徭**	タダ働きしろ
へいえき **兵役**	国を守れ

こんでんえいねん　し　ざいのほう
墾田永年私財法

しょう　む　てんのう
聖武天皇　　とう だい じ　　だい ぶつ
東大寺の大仏

平城京から北へ

かん む てんのう
桓武天皇

794年
へいあんきょう
平安京

京都府

［サポート］

大宝律令で
がんばった！

ふじわらの　ふ　ひ　と
藤原不比等

なが や おう
長屋王

ふじわらしし
藤原四子

たちばなの も ろ え
橘　諸兄

ふじわらのなか ま ろ
藤原仲麻呂

どうきょう
道鏡

ふじわらのもも かわ
藤原百川

ふじわらのたね つぐ
藤原種継

[天 皇]

D時代、でっかい平城京完成

平城京は唐の都・長安にならってつくられたんや。場所が奈良県だけにな。道路が焼き網みたく規則正しかったみたいや。

平城京

奈良県

平城京には、地方の豪族たちが貴族の位を天皇からもらって移り住んだ。人口は約10万人。

 和同開珎　市場も栄え、貨幣の和同開珎が広まった。

Do

戸籍を調べた理由とは!?

C時代に戸籍をつくったから、この時代の人口（約450万人）を把握できた。戸籍をつくったんは税金をきっちりとるためや。

死んだら土地を返さんとアカン
班田収授法

[都]

死んだら返せよ。

口分田

[田舎]

6歳になると、口分田という田んぼをおしつけられ、収穫の3%の稲を納めることに。ほかにもいろいろな税や義務をおわされた。

この時代の税と義務

●租　稲をくれ
●調　特産物をくれ
●庸　布をくれ
●雑徭　タダ働きしろ
●兵役　国を守れ

重い税のため
逃げ出す農民も
いたんや。

しょうがない？　公地公民破壊

荘（園）

農民が逃げ出すと、口分田が荒れ田んぼが足りなくなる。せやから田んぼを増やすため、しょうがなく法をつくったんや。

耕したらその土地がもらえる
こんでんえいねんしざいのほう
墾田永年私財法

こうちこうみん
公地公民

めっちゃ
しょう（荘）が
あるな…

この法律で土地を自分のモノにできるようになったから、
荘園という自分の土地をもつ貴族や寺社があらわれた。

D時代の代名詞、DAI仏完成

聖武天皇の時代。人は増えたし、田んぼも増えたけど、D時代だけに伝染病や大災害がはやったんや。

仏教パワーで被害を
セーブ（聖武）！
しょうむてんのう
聖武天皇

とうだいじ　だいぶつ
東大寺の大仏

仏教の力で国を守るため、
聖武天皇は都に東大寺をつ
くったり、国中に国分寺と
国分尼寺をつくったりした。
また、東大寺に大仏をつく
るため行基に協力させた。

奈良の大仏が行儀良く
座ってんのは、行基いう
僧が協力したからや。

天皇のサポート争いスタート！

律令政治で天皇を中心に国をまとめることが決まると、No.2
の権力・天皇のサポート役をみんなねらい始めたんや。

平城京は
権力争いの舞台に…

平城京へ都を移した元
明天皇の後、いろんな天
皇が登場する。その間、
No.2 は藤原氏と皇族な
どで奪い合いに。

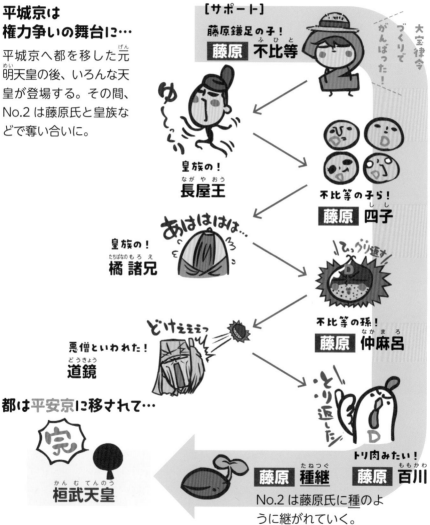

[サポート]

藤原鎌足の子！
藤原 不比等（ふひと）

大宝律令づくりでがんばった！

皇族の！
長屋王（ながやおう）

不比等の子ら！
藤原 四子（しし）

皇族の！
橘 諸兄（たちばなのもろえ）

悪僧といわれた！
道鏡（どうきょう）

不比等の孫！
藤原 仲麻呂（なかまろ）

トリ肉みたい！
藤原 百川（ももかわ）

藤原 種継（たねつぐ）

No.2 は藤原氏に種のように継がれていく。

都は平安京に移されて…

桓武天皇（かんむてんのう）

44

日本史鉄則 ● 権力にはすりよれ！

　日本は海にかこまれていて土地もせまいから、大きな国は１つで権力者は１人になる（→ P.29 日本史鉄則）。やから、権力は動かんように思えるけれど、そうやない。じつは上手な奪い方があるねん。それが「１コちょーだい」や。

　初めは小さいものをねだって、仲良くなりつつ、だんだん大きいものをねだるようにして、「もらうのが当たり前」とか「すごく断りにくい」とか、そんな状況をつくっていく。娘や土地なんかを逆にあげてさらに仲良くなると効果的や。

　こんな風に、少しずつおねだりをエスカレートさせていくと、権力を奪えるねん。せやから、「１コちょーだい」がやりやすい No.2 をめざして、みんな権力にすりよるんや。

STEP 1
最初は小さいものをおねだり

STEP 2
少しずつおねだりをエスカレート

STEP 3
最終的には大きなものを GET！

Ｄ時代の日本史年表

710年 平城京に都を移した<ruby>平城京<rt>へいじょうきょう</rt></ruby>なら、なっとうを食べよう！

723年 三世一身の法

743年 墾田永年私財法

752年 東大寺の大仏が完成

掘り下げ キーワード

租 ➡ 口分田の収穫量の約３％の稲をおさめる税。

調 ➡ 特産物をおさめる税。

庸 ➡ 都で10日間働く代わりに布をおさめる税。

雑徭 ➡ １年間に60日以下の期間、地方で働くこと。

兵役 ➡ 衛士という都を警備する者になったり防人になったりすること。

防人 ➡ 九州北部を守るために派遣された兵士。

貧窮問答歌 ➡ 『万葉集』に掲載されている山上憶良という歌人がよんだ和歌。重い税で苦しむ農民の貧しいくらしが歌われている。

三世一身の法 ➡ 墾田永年私財法の前につくられた法律。新しく耕した土地は、三世代だけ自分たちのものにできる。

荘園 ➡ 墾田永年私財法によって、土地の永久私有が認められたため、貴族や寺社などは逃亡していた農民に開墾させて私有地を増やした。この私有地は後に荘園と呼ばれた。

行基 ➡ 奈良時代の僧で、東大寺の大仏づくりに協力した。仏教の布教をしながら、橋や用水路などもつくった。

阿倍仲麻呂 ➡ 遣唐使として唐に留学して、唐の高官になった。帰国のときの遣唐使船が難破し、一生を唐ですごした。

鑑真 ➡ 唐の高僧。遣唐使船に乗り、何度も難破しながらも来日。日本に仏教の制度を伝え、唐招提寺を建てた。

memo 授業などで知ったおもしろ裏話を
ここにメモるんや!

平安時代 前期
だいたい 800 ～ 880 年

WEB は
こちら

こんな時代だよ

都を平安京に移すと、名前の通り平和が続く平安時代がスタート。だからこの時代は「良いー!!」時代なんや。そんなE時代やけど、前回のD時代にNo.2の座を勝ちとった藤原氏が、天皇の権力にだんだん良い具合にすりより始めるで!

すりよるのも才能の1つや。
性格が良くないと、
嫌われて、すりよれんし。

アンタはすりよる
の下手よね。

[天 皇]　　　　　　　　　　　　　　[サポート]

800 年ごろ

<ruby>藤原緒嗣<rt>ふじわらの　お　つぐ</rt></ruby>

<ruby>桓武天皇<rt>かん　む　てんのう</rt></ruby>

国の
平和

<ruby>坂上田村麻呂<rt>さかのうえの　た　むら　ま　ろ</rt></ruby>（<ruby>征夷大将軍<rt>せい　い　たいしょうぐん</rt></ruby>）→ <ruby>蝦夷<rt>え　みし</rt></ruby> ✕

心の
平和

<ruby>高野山<rt>こう　や　さん</rt></ruby>

<ruby>比叡山<rt>ひ　えいざん</rt></ruby>

<ruby>空海<rt>くう　かい</rt></ruby> <ruby>真言宗<rt>しん　ごんしゅう</rt></ruby>　　<ruby>最澄<rt>さい　ちょう</rt></ruby> <ruby>天台宗<rt>てん　だいしゅう</rt></ruby>

810 年ごろ

<ruby>藤原冬嗣<rt>ふじわらのふゆつぐ</rt></ruby>

<ruby>嵯峨天皇<rt>さ　が　てんのう</rt></ruby>

860 年ごろ

<ruby>清和天皇<rt>せい　わ　てんのう</rt></ruby>

摂政<rt>せっしょう</rt>

<ruby>藤原良房<rt>ふじわらのよしふさ</rt></ruby>

平和を求めて…、平安京へ

完全無欠の桓武天皇が、794年「鳴くよウグイス平安京」で
都を京都に移すと、安定した良い時代が到来するねん！

[天皇]

[サポート]

桓武天皇をサポート

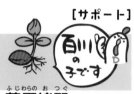

桓武天皇
（かんむてんのう）

平安京
（へいあんきょう）

平安京に都を移し、
平安時代スタート。

藤原緒嗣
（ふじわらのおつぐ）

D時代の藤原氏を
継ぐ緒嗣。

「Say! 良いー!」国の平和を叫ぶ!

ノリノリの坂上田村麻呂が「Say! 良いー！」といって征夷大将
軍になって、ノリの悪い東北地方の蝦夷たちをやっつけるで！

国の
平和

征夷大将軍 坂上田村麻呂
（せいいたいしょうぐん　さかのうえのたむらまろ）

天皇を中心とした国の平和のため、
征夷大将軍になった坂上田村麻呂が
蝦夷をしばいて、「良いー」といわす。

攻撃

蝦夷
（えみし）

アテルイ

アテルイをトップとした蝦夷たちは天皇の支配を
「えー…、いーし…」と拒否するが……。

新仏教で心の平和をつかめ！

国の平和のつぎは心の平和や。唐で新しい仏教を学んできた2人のえらい坊さんが、真言宗と天台宗を日本に広めるねん。

心の平和

空海（くうかい） 真言宗（しんごんしゅう）
食い しんぼ

最澄（さいちょう） 天台宗（てんだいしゅう）
最 低

空海は、「どーや」と高野山（こうやさん）で真言宗を広める。

最澄は「イエーイ」っといって、比叡山（ひえいざん）で天台宗を広める。

この2人、エライお坊さんだけあってちゃんと禁欲しとる。覚え方は
空海 真言宗　最澄天台宗
「食いしん坊、最低」や！

玉たま歴史こばなし

すごい坊さん！ 空海

空海はこの時代のヒーローや。ものすごいことをやったで！
- **大学**：エリートしか行けん大学へ猛勉強して合格！
- **修行**：僧になって、真言という呪文を100万回唱える！
- **留学**：当時、生存率50％くらいの遣唐使船に乗って唐へ！
- **師匠**：唐のすごい坊さんから密教の極意を伝授される！
- **宗教**：真言宗のトップになり、日本の宗教の中心に！
- **その他**：字が上手すぎて、三大字の上手い人に！
　　　　　唐で学んだ技術でため池をつくる！

No.2 藤原氏に絶好のチャンス到来！

良い時代の天皇のサポート役、つまり権力のNo.2はDの奈良時代から引き続き藤原氏や。でも権力を乗っ取り始めるねん。

嵯峨天皇をサポート

嵯峨天皇
（さ が てんのう）

良い時代が続くのは、この時代の代表的な天皇の名前からもわかる。完全無欠の桓武天皇の後は、さすがの嵯峨天皇。

藤原冬嗣
（ふじわらのふゆつぐ）

No.2 もD時代の藤原氏の意志を継ぐ藤原緒嗣や藤原冬嗣が「つぐつぐ」いって、天皇のサポートをする。

清和天皇
（せい わ てんのう）

清和天皇は9歳だったため、世話が必要。一人前になるまで、藤原氏が摂政となりサポート。

摂政（せっしょう）
藤原良房
（ふじわらのよしふさ）

世話という名目で、天皇をあやつれる正式なサポート役の摂政に。

「つぐつぐ」いうてた藤原氏やが、藤原良房は摂政になれたことがうれしく、名前が「良し！」になっとる！

一発で覚えるイラスト［平安時代編］

❶坂上田村麻呂（サッカーの「ウェーイ♪」）は、

❷征夷大将軍（SAY 良いー）になって、

❸蝦夷（えー、いーし）をしばいてだまらせた。

❹桓武天皇（感無量）の時代で、

❺そのときの藤原氏は緒嗣（おつまみ）。

❻緒嗣は百川の子（モモと皮の焼き鳥）。

❼その一方、仏教の世界で、空海が真言宗、
最澄が天台宗をひらく（食いしん坊、最低）。

これを1回でええから、ノートに描いてみい。
頭に入って覚えられるねん。

Ｅ時代の日本史年表

794年 平安京に都を移したら、今日 かんむり 無くしたね！

京都 桓武天皇 ７９４

掘り下げ **キーワード**

征夷大将軍 ➡ 東北地方の蝦夷を征伐するためにつくられた役職。鎌倉時代からは、日本で一番の権力者、武士のトップの役職になる。

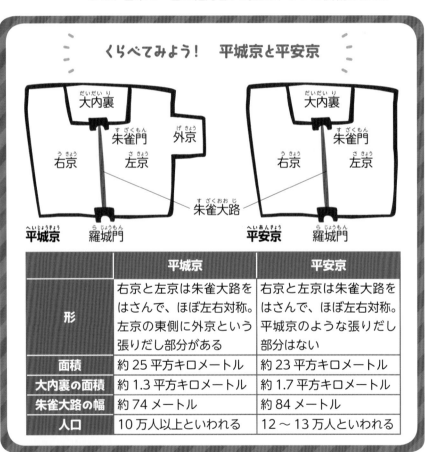

くらべてみよう！ 平城京と平安京

	平城京	平安京
形	右京と左京は朱雀大路をはさんで、ほぼ左右対称。左京の東側に外京という張りだし部分がある	右京と左京は朱雀大路をはさんで、ほぼ左右対称。平城京のような張りだし部分はない
面積	約 25 平方キロメートル	約 23 平方キロメートル
大内裏の面積	約 1.3 平方キロメートル	約 1.7 平方キロメートル
朱雀大路の幅	約 74 メートル	約 84 メートル
人口	10 万人以上といわれる	12 〜 13 万人といわれる

＊大内裏：天皇の住まいを中心に役所のある宮城
＊朱雀大路：朱雀門から羅城門をつなぐ大きな道

memo

授業などで知ったおもしろ裏話を
ここに**メモ**るんや！

F 時代

平安時代 中期

だいたい 880 ～ 1050 年

WEBは
こちら

こんな時代だよ

平安時代の中ごろはまさに<u>藤原氏</u>の時代。やから **F 時代**や。**F の字**のごとく、だんだん天皇にすりより権力を奪っていく。最終的には天皇をもおしのけてしまうんや。でも、そんな<u>藤原氏</u>も大きな権力をもったことで、油断してまうねん！

オレも足もとすくわれんように
油断したらいかんな。

大丈夫よ！　あんた
そもそも、そこまで
登りつめてないから。

[天 皇]　　　　　　　　　　　[サ ポ ー ト]

こうこうてんのう
光孝天皇

880年ごろ

かんぱく
関白
ふじわらのもとつね
藤原基経

未熟じゃない天皇でもあやつれる

894年
けんとうし
遣唐使
やめる

高麗

宋

争いがおこり唐は
おとろえる。
その後、宋が誕生

だいごてんのう
醍醐天皇

より天皇に近く

ふじわらのときひら
藤原時平

すがわらのみちざね
菅原道真

源高明

ふじわらのさねより
藤原実頼

ライバル貴族を
退ける

日本史鉄則 ●
権力にはすりよれ！

サポートの藤原氏が
だんだん天皇に
すりよっていく！！

ウ！？長い！？

ふじわらのみちなが
藤原道長

天皇よりも権力をもつ

びょうどういんほうおうどう
平等院鳳凰堂

ふじわらのよりみち
藤原頼通

藤原氏がとうとう関白に！

E時代の最後、摂政となり天皇をあやつった藤原良房。その養子の基経は、天皇の権力を完全にパクる「関白」をつくるねん！

[天皇]

[サポート]

完全にあやつる

完全にパクるぞ！

関白 藤原基経

光孝天皇

関白は、天皇をあやつるために新しくつくられたコントローラーみたいなもの。おとなになった天皇をあやつれる。

その名の通り「聞けいっ！（基経）」といって、天皇にいうことをきかせたんや。

摂関政治がスタート！ 摂関政治は、摂政や関白になって天皇をあやつる政治。

まちがえやすいもの
対決

摂政と関白

摂政

関白

摂政と関白で、あやつれる天皇がちがうんや。

摂政		関白
天皇のサポート	同じところ	天皇のサポート
子どもか女性のみ	ちがうところ	子どもと女性以外の天皇

最強の藤原（F）時代へ

天皇に代わり、政治を行うようになっていく藤原氏。有力な
ライバルを退け、権力を独占していくで！

遣唐使
やめる

高麗

《中国》
唐 ➡ 宋

《朝鮮》
新羅 ➡ 高麗

宋 ✕ けんとうし

この時代、海外では
大きな闘争がおこり、
唐はおとろえるから、
遣唐使を続けるか検
討して停止。その後
唐は滅び宋ができる。

醍醐天皇

より
天皇に近く

藤原時平　学問の神様に！
　　　　　菅原道真

遣唐使停止を提案
した優秀な貴族の
菅原道真を藤原時
平が今の福岡県に
あった大宰府にお
しのける。

源高明

ボガーン！

藤原実頼

有力貴族の源高明
を、藤原実頼が地
雷のようにふっと
ばして権力を一人
占め。

外国はガタガタ＋国内の権力 No.1
＝最強の藤原（F）時代や！

天皇よりも
権力をもつ

日本史鉄則● （→P.45）

権力にはすりよれ！

気を抜いて終わる F 時代

天皇を好きにあやつるほどの権力をにぎった藤原氏。でも、
全盛期の道長・頼通父子のときに油断してしまうんや。

ふじわらのみちなが
藤原道長

敵なしの道長は、「道が長っ！」
といってサボるくらい気持ちが
ゆるんでいた。

道長も頼通も、『ウサギとカメ』
のウサギみたいやな。この昔話
と同じく、油断した藤原氏は
力を失っていくんや。

ふじわらのよりみち
藤原頼通 頼通は寄り道して昼寝するため（？）、
びょうどういんほうおうどう
十円玉で有名な平等院鳳凰堂を建てた。

玉先生的
歴史考察

道長・頼通父子は
ウサギだった!?

「道長」と「耳長」って、似てる思わんか？
耳が長い生き物といえばウサギや。じつは玉
先生、道長・頼通父子はウサギやったんやな
いかとにらんでる。藤原道長は「この世をば
わが世とぞ思ふ　望月の　欠けたることも
なしと思へば」という有名な歌をよんどるけ
ど、見てみい。ウサギやから、「月」とか「モ
もちづき
チツキ（望月）」とか出てくるやろ。

日本史鉄則 ● 徹底的につぶせ！

　日本史鉄則「大きな権力をもつ者は1人！（→ P.29)」でいったように、土地がせまい日本では、権力者は1人になってしまう。やから、権力争いしたライバルは、たたけるときに徹底的につぶしとかんと、力を取りもどしたライバルに逆襲されてしまうねん。この F 時代、藤原氏は菅原氏などほかのライバル貴族を徹底的に追い出したな。

　下に、徹底的につぶした場合と、つぶさんかった場合の代表的な例をあげとくから、チェックしてみてみ。

時代	どうした？	結果！
G 時代 （→ P.67） たいらのきよもり **平 清盛**	源頼朝を殺さずに 遠くへ追放した。 （つぶさなかった）	逆襲されて、 平氏滅びる。
H 時代 （→ P.75） みなもとのよりとも **源 頼朝**	源義経を東北まで 追って殺した。 （つぶした）	権力を手に入れ、 鎌倉幕府が誕生。
O 時代 （→ P.125） とくがわいえやす **徳川家康**	関ヶ原の戦いで 敵だった大名を 外様大名に。 （つぶさなかった）	幕末、薩長同盟が 生まれ、江戸幕府 倒れる。
S 時代 （→ P.154） めいじせいふ **明治政府**	旧幕府軍を 五稜郭まで追って 滅ぼした。 （つぶした）	政府はまとまり、 海外に侵略 されずにすんだ。

上の表以外にも、この鉄則にはまる例はあるから、探してみてくれ！

Ｆ時代の日本史年表

894年 遣唐使廃止しないと船酔いではくよ！
<small>けんとうしはいし</small>
<small>8 9 4</small>

1016年 藤原道長が摂政となる（摂関政治全盛）
<small>ふじわらのみちなが</small> <small>せっしょう</small> <small>せっかんせいじぜんせい</small>

藤原氏の他氏排斥
<small>ふじわらし たしはいせき</small>

　平安時代の初めは、藤原氏のほかにも菅原氏など有力な貴族が政治に参加しとった。しかし藤原氏は、有力貴族に謀反の疑いなどをかけて追放して、権力を一人占めしていったんや。それに、藤原氏は娘を天皇の后にして、その子どもを天皇にすることでより力をもっていったで。

朝廷の権力

	藤原氏	その他の貴族
藤原冬嗣のころ <small>ふゆつぐ</small>	藤原氏	その他の貴族
藤原良房のころ <small>よしふさ</small>	藤原氏	その他の貴族
藤原時平のころ <small>ときひら</small>	藤原氏	その他の貴族
藤原実頼のころ <small>さねより</small>	藤原氏	

日本史鉄則の通りに、
徹底的にまわりの貴族をつぶしとるな。

memo

授業などで知ったおもしろ裏話を
ここにメモるんや！

G 時代

平安時代 後期
だいたい 1050 〜 1150 年

WEB は
こちら

こんな時代だよ

G だけに<u>後三条天皇</u>からスタートする
G 時代。藤原頼通が寄り道して油断し
ていたため、藤原氏は天皇のサポート役
を外れることになるねん。こうして新し
い権力争いの時代に突入すると、そこに
は、<u>ご</u>っつい武士が加わってくるんや！

「白河」と「後白河」は
同じ人ですか？
「後」ってなんですか？

「さくらんぼ」も「んぼ」がつくと、「さ
くら」とべつもんになるやろ。白河と後
白河も名前が似てるだけで、べつ人や。

64

[天 皇]　　　　　　　　　　　　　[武 士]

ごさんじょうてんのう
後三条天皇

1050 年ごろ　Genji
げんじ
源氏　　平氏
へいし

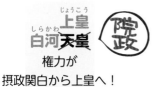
じょうこう
上皇
しらかわ
白河 天皇

院政

権力が
摂政関白から上皇へ！

1100 年ごろ　Heishi
へいし
平氏　　源氏
げんじ

あや
つるぞ

すとくじょうこう
崇徳上皇

日本史鉄則 ●
大きな権力をもつ者は1人！

1156 年
ほうげん　らん
保元の乱

1159 年
へいじ　らん
平治の乱

あやつら
せるか！

ごしらかわてんのう
後白河天皇

たいらのきよもり
平清盛
だいじょうだいじん
太政大臣

ごしらかわじょうこう
後白河上皇

みなもとのよりとも
源 頼朝

日本史鉄則 ●
仲間でも結局もめる！

続かない

平氏続く

油断して 寝ているうちに 邪魔者が

藤原頼通が寄り道して寝てしもた（？）から、そのすきに藤原氏と仲良くないやつが、天皇になってしまうねん。

[天 皇]

[武 士]

後三条天皇
（ごさんじょうてんのう）

源氏（げんじ）　平氏（へいし）

後三条天皇はネコみたいな天皇。藤原氏とは距離をおいて、ブシ（武士）と仲良くする。

平安後期は、増えた貴族の私有地（荘園）を守るためなどで、武士が活躍して力をもつ。

権力は摂政・関白から上皇へ：院政（いんせい）

白河天皇は上皇となって天皇をサポート。これでは摂関政治ができんから藤原氏の力はますます弱まるんや。

上皇（じょうこう）
白河天皇（しらかわ）

院政

上皇とは天皇の位をゆずってサポート役となった元天皇。白河天皇は、幼い息子に天皇をゆずり、いうことをきかせた。

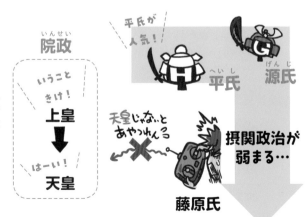

院政

いうこと
きけ！
上皇
↓
はーい！
天皇

平氏が
人気！

平氏（へいし）　源氏（げんじ）

摂関政治が
弱まる…

天皇じゃないと
あやつれん？

藤原氏

G 上皇VS天皇！ 保元の乱

藤原氏の力をおとろえさせた上皇＆天皇やが、やっぱり１つの権力の座をめぐって、争いがおこるんや。

あや
つるぞ
すし特上

崇徳上皇

日本史鉄則●（→P.29）
大きな権力をもつ者は1人！

オレたちが
活躍するぞ！

源氏と平氏はどちらも、上皇につくもの天皇につくものの両方いて、一族が敵味方に分かれ戦った。

保元の乱

トップの座をめぐり、崇徳上皇と後白河天皇が争う。勝ったのは後白河天皇。

あやつら
せるか！
ゴジラ!?

後白河天皇

×
敗北

源氏

平治の乱

平氏

○
勝利

保元の乱で勝ち残った源氏と平氏が激突！　源氏のボスは源義朝で、平氏のボスは平清盛。

源 頼朝

負けた源氏は、義朝が殺され、息子の頼朝は遠くへ追放。

日本史鉄則●（→P.77）
仲間でも結局もめる！

太政大臣 平清盛

勝った平氏の清盛は武士で初めて、朝廷の最高ポストの太政大臣に。

権力の座を武士に奪われる

後白河天皇は上皇となって院政をしようとするけど、武力にものをいわせて平氏が権力をぶんどるねん。

日本史鉄則 ● (→P.77)

仲間でも結局もめる！

ごしらかわじょうこう
後白河上皇

たいらのきよもり
平清盛

続かない

権力

後白河上皇は、平治の乱などの内乱を武力でおさえた清盛にさからえなくなる。権力は平氏のものに。

平氏続く

G の形からわかるように、平氏の方だけ続いている。こうして後白河から平氏へ時代が変わるんや。

日本史鉄則 ● 跡継ぎもめない上皇システム！

　土地がせまく、海でかこまれとるせいで、日本は権力のイスが１つしかないんやったな。そのため、そのイスに座ってる天皇が死ぬと、その後、だれに座らせるかで、もめることが多いんや（→ p.37 日本史鉄則）。

　やから、まだ天皇の自分が生きている間につぎの天皇を決める「上皇システム」は、もめごとがおこらんから、日本にはあってるナイスな方法やねん。上皇になっても下の絵の通り天皇をあやつれるから、実際は上皇がトップのままなんや。

自分のいうことをききそうな
やつに天皇をゆずる。

自分は上皇となって、
天皇をあやつる。

上皇システムは、「じょうこう」の「じ（G）」
だけにG時代しかない。でも、じつは後
の時代でも、これに似た方法が使われ
るから探してみてくれ！
＊ jyoko で「J」では？なんてツッコミ
　はなしやで

G時代の日本史年表

1086年　白河上皇が院政を始める

1156年　保元の乱

1159年　平治の乱で勝った平清盛かっこいい、負けた源頼朝は島流しで号泣！

1167年　平清盛が太政大臣になる（武家政治の始まり）

掘り下げ キーワード

武士団 ➡ 私有地をもつ地方の豪族や有力な農民は、土地を守るために武装し、都では貴族を警備する役人（武官）が力を認められるようになる。こうして武士が生まれ、力をつけた武士は家来をもち武士団をつくった。

平将門の乱 ➡ 朝廷に反乱をおこす武士もあらわれた。平将門は関東の武士団のリーダー（棟梁）で、朝廷に反乱し「新皇」を名乗った。

藤原純友の乱 ➡ 伊予（愛媛県）の国司だった藤原純友は、瀬戸内海の海賊をまとめて親分になった。西は大宰府、東は淡路島まで勢力を広げた。

平氏と源氏 ➡ 武士団の棟梁には皇族や貴族出身もいて、その代表が天皇の子孫の平氏と源氏。朝廷には平将門のような武士の反乱をおさえる力はないので、反乱をしずめた平氏や源氏が力をもった。

院政 ➡ 上皇の住まいを院と呼ぶことから、上皇の行った政治を院政という。貴族や武士が上皇に近づくためにプレゼントした荘園で力を高めた。

日宋貿易 ➡ 平清盛は兵庫の港（大輪田泊）を整備して、中国の宋という国と貿易を行った。

memo

授業などで知ったおもしろ裏話を
ここにメモるんや！

H
時代

平安・鎌倉時代
（へいあん・かまくらじだい）

だいたい 1150 ～ 1200 年

WEBは
こちら

こんな時代だよ

H 時代は G 時代に権力をもぎとった<u>平氏</u>（H）の時代。でも、F 時代で<u>藤原氏</u>（F）が終わり、G 時代も「<u>後</u>」（G）のつく上皇が権力を奪われて終わった。ってことは、H 時代は<u>平氏</u>（H）が終わる時代ってことや。強い<u>平氏</u>（H）がどうやって落ちぶれるか注目や！

この時代、「へいしにあらずんば、人にあらず」っていわれたらしいけど、どんな意味ですか？

「屁えしないやつは、人じゃない」ってことよ。おならせんとか、ありえへんからな。

[天 皇]　　　　　　　　　　　　[武 士]

後白河ジュニア！

もちひとおう
以仁王

みなもとのよりとも
源 頼朝

みなもとのよしつね
源 義経

上皇や天皇は
仲間だった
源氏と仲悪く
なっていく

日本史鉄則 ●
徹底的につぶせ！

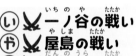

い ⚔️ **一ノ谷の戦い**
　　　　　いちのや たたか
や ⚔️ **屋島の戦い**
　　　　　やしま たたか
だ ⚔️ **壇ノ浦の戦い**
　　　　　だんのうら たたか

日本史鉄則 ●
仲間でも結局もめる！

全国に
しゅご じとう
守護＆地頭

ごおん ほうこう
御恩と奉公

たいらのきよもり
平 清盛
死亡

平氏滅亡

みなもとのよしつね
源 義経死亡

おうしゅうふじわらし
奥州藤原氏滅亡

みなもとのよりとも
源 頼朝

せいいたいしょうぐん
征夷大将軍
かまくらばくふ
1192年 鎌倉幕府

朝廷
ちょうてい
てんのう じょうこう
天皇・上皇
＋
ほくめん さいめん
北面・西面
ぶ
の武士

天皇と源氏が打倒平氏でタッグ！

権力を奪われた後白河上皇の息子の以仁王が、遠くへ追放されていた源頼朝と手を組んで、平氏に逆襲を開始するで。

[天 皇]

平氏をやっつけろ！
後白河ジュニア！
もちひとおう
以仁王

好き勝手やる平氏を倒してと、天皇側は源氏に泣きつく。

追放から
帰ってきた！
みなもとのよりとも
源 頼朝

源氏は、清盛によって追放されていた源頼朝（→ P.67）が鎌倉を本拠地として立ち上がる。

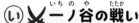
い ⚔ 一ノ谷の戦い

や ⚔ 屋島の戦い

頼朝の弟！
みなもとのよしつね
源 義経

だ ⚔ 壇ノ浦の戦い

源義経の活躍で、源氏は一ノ谷、屋島、壇ノ浦と戦いに勝ち続け、平氏をたたきつぶす。

日本史鉄則 ● （→P.61）
徹底的につぶせ！

[武 士]

たいらのきよもり
平清盛
死亡

イヤだ！

平氏滅亡

平氏は、平清盛が病死して弱体化。

清盛のいない平氏は「いーやーだー」と3つの戦に負けて滅亡。武士の中心は源氏に。

平氏は頼朝を追放するだけで殺さんかったから、結局、逆転負けしたんや。逆に頼朝は徹底的に平氏をたたいたから、鎌倉時代は長く続いたんや。

鉄則は続くよ。どこまでも。

平氏を倒した頼朝と義経やけど、「仲間でも結局もめる！」の
日本史鉄則通り仲悪くなって、義経が逃げることになるねん。

**上皇や天皇は
仲間だった
源氏と仲悪く
なっていく**

日本史鉄則 ● （→P.77）

仲間でも結局もめる！

義経は東北まで逃げる
が、かくまってくれた
奥州藤原氏ともども頼
朝に滅ぼされる。頼朝
は、義経を捕まえるた
めという口実で、守護
と地頭を全国に置く。

いざ協力！

打倒平氏で協力

みなもとのよしつね
源 義経死亡

VS

おうしゅうふじわらし
奥州藤原氏
滅亡

ワシらも⁉

結局、天皇と源氏も対立

頼朝は幕府を開いて、天皇や上皇の権力をもぎ取ろうとし、
上皇は北面の武士と手を組み、西面の武士を組織するんや。

貴族の軍団！
ちょうてい
朝廷
てんのう　じょうこう
天皇・上皇
＋
ほくめん　さいめん
北面・西面
の武士

→ **対立** ←

武士の軍団！
かまくらばくふ
鎌倉幕府

Say!!
良い♪
良い〜!!

国中に守護と地頭を置いて大きな力を
もった頼朝は、朝廷に自分を征夷大将軍
に任命させ、鎌倉幕府をひらく。

武士の政府、鎌倉幕府

守護や地頭を決めるのは幕府やから、なりたい人はみんな幕府にペコペコするやろ？ それで幕府に権力が集まるんや。

征夷大将軍 源 頼朝

鎌倉幕府をひらき、天皇よりも大きな権力をもった頼朝は、武士による政治を始める。

頼朝の部下たち

守護

国ごとに1人ずつ。警察みたいな役。

地頭

荘園などに1人ずつ。年貢の取り立て役。

御家人

将軍のために戦う武士。

御恩と奉公

将軍と御家人＝社長と社員

社長　　　　将軍

給料　働く　土地　戦う

社員　　　　御家人

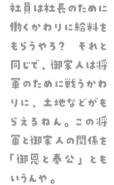

社員は社長のために働くかわりに給料をもらうやろ？ それと同じで、御家人は将軍のために戦うかわりに、土地などがもらえるねん。この将軍と御家人の関係を「御恩と奉公」ともいうんや。

日本史鉄則 ● 仲間でも結局もめる！

　土地がせまい日本は、国が１つにまとまり、権力のイスは１つしかない。そのため、仲間となって協力し合っても、その後、権力のイスを争うことになるんや。G時代の保元の乱では、平清盛が源氏と協力して内乱をおさめとるけど、その後の平治の乱で、たくさんの源氏を殺し、源頼朝を遠くへ追放しとるしな。

　このH時代でも、協力して平氏を滅ぼした源頼朝と源義経がもめたし、頼朝と天皇・上皇ももめたやろ。仲間でも結局もめるんや。

逆に共通の敵がいると、人は敵同士でも協力して戦えるねん。やから、協力するために共通の敵をつくるってのもアリやな。

武士の
時代の
２つセット

- ◎ **源氏と平氏**：武士団の２トップ
- ◎ **天皇と上皇**：朝廷の２トップ
- ◎ **幕府と朝廷**：権力の２トップ
- ◎ **守護と地頭**：幕府の地方の２大役職
- ◎ **御恩と奉公**：幕府と御家人のギブ＆テイク

Ｈ時代の日本史年表

1185年 壇ノ浦の戦い
源 頼朝が守護と地頭を置く
1192年 鎌倉幕府でいい国にするぞと、源頼朝が征夷大将軍に！

掘り下げ キーワード

北面の武士 ➡ 白河上皇がつくった上皇を守るための武士団。

西面の武士 ➡ 鎌倉幕府に対抗するために後鳥羽上皇が新しくつくった武士団。

侍所 ➡ 御家人をまとめ、軍・警察などの仕事を行う鎌倉幕府の役所。

政所 ➡ 鎌倉幕府の役所の1つ。一般の政治を行う。

問注所 ➡ 鎌倉幕府の役所の1つ。裁判を行う。

六波羅探題 ➡ 朝廷や西日本の武士の監視を行う。承久の乱の後に、京都に設置された鎌倉幕府の役所。

封建制度 ➡ 将軍と御家人のように、主君と家臣が御恩と奉公の関係で結ばれたしくみ。

御恩 ➡ 将軍は御家人に領地を認め、功績があると、新しい土地や守護・地頭などの役職をあたえた。

奉公 ➡ 御家人は将軍に忠誠を誓い、戦いがおこると家臣をひきいて出陣した。

侍所や政所、問注所は、Ｋ時代にできる室町幕府でも置かれるんや。役割は少し変わっとるで。

memo

授業などで知ったおもしろ裏話を
ここにメモるんや!

J 時代

鎌倉時代
（かまくらじだい）

だいたい **1200 ～ 1300 年**

WEB は
こちら

こんな時代だよ

J 時代は、H 時代に対立した朝廷と幕府がぶつかるところから始まるんや。ほんで J の字の先のように、ラストでぐいっと急展開もあるで！　順番の J だけあって、キレイに出来事がならぶから、覚えるんはめちゃ楽なんや。

J 時代の出来事みたく
オレはうまいラーメン屋に
すぐならぶんや。

まったく関係
ない話ね！

① いい国つくろう鎌倉で、② 武士の時代に！

③ 3代将軍 源 実朝（みなもとのさねとも）の死で…

[天 皇]　　　　　　　1221年　　　　　　　[武 士]

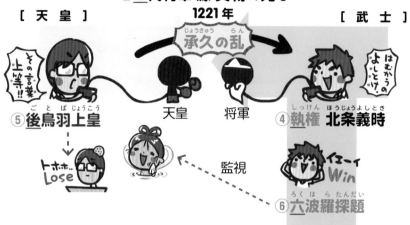

承久の乱（じょうきゅうのらん）

⑤ 後鳥羽上皇（ごとばじょうこう）

天皇　将軍

④ 執権（しっけん）北条義時（ほうじょうよしとき）

トホホ…Lose

⑥ 六波羅探題（ろくはらたんだい）

監視

みんなで決める！評定衆（ひょうじょうしゅう）

その法律　→ ⑦ 御成敗式目（ごせいばいしきもく）
（貞永式目（じょうえいしきもく））

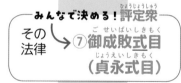

[海 外]

フビライ＝ハン

モンゴル襲来

エビチリ シューマイ

⑩ 元寇（げんこう）

⑨ 九州へ急襲

⑧ 8代執権 北条時宗（ほうじょうときむね）

北条と競う!?

1274年 文永の役（ぶんえいのえき）

1281年 弘安の役（こうあんのえき）

J 朝廷が攻めてきた！：承久の乱

H 時代の最後、幕府と朝廷は対立しとったな。3代将軍の源実朝が死ぬと、チャンスとばかりに上皇が反乱をおこすんや。

源頼朝が死んだ後は、その妻・北条政子の北条氏が力をもちはじめるねん。

3代将軍 源実朝の死で…

よしときやっちゃいなさいよ

北条政子

[天皇]

承久の乱

[武士]

その言葉上等!!

はむかうのよしとき!

後鳥羽上皇 天皇 将軍

政子の弟！

執権 北条義時

続かない

トホホ…Lose

イェーィ Win

権力を取り戻そうとするが失敗。島根県の隠岐の島へ島流しに。

いうことをききそうなやつを将軍に選んで、執権の北条氏が幕府の権力をにぎる。

◎ 将軍のサポート役は執権

執権

天皇と同じように、将軍にもサポート役ができる。それが執権や。北条氏が代々務めるねん。

	《権力者》	《サポート》
F 時代	天皇 ⟶	摂関の藤原
G 時代	天皇 ⟶	院政の上皇
G 時代	天皇 ⟶	武士の平氏
H 時代	天皇 ⟶	武士の源氏
J 時代	将軍 ⟶	執権の北条

朝廷を監視せよ！：六波羅探題

承久の乱に勝利した幕府は、後鳥羽上皇を島流しにした後、もう反乱をおこさんよう朝廷を監視するようにしたんや。

京都で朝廷の監視役！
六波羅探題

「ハラ×6、したんだい！」って、もうハラハラしないように六波羅探題で監視。

北条氏による安定：執権政治

執権中心にみんなで決める評定衆という機関や、武士の法律をつくって社会を安定さす。執権の北条氏の政治は執権政治や。

みんなで決める！
評定衆
↓その法律
御成敗式目
（貞永式目）

初めての武士の法律。つくったのは、北条泰時。

● 歴代の執権

1	北条時政	9	北条貞時
2	北条義時	10	北条師時
3	北条泰時	11	北条宗宣
4	北条経時	12	北条熙時
5	北条時頼	13	北条基時
6	北条長時	14	北条高時
7	北条政村	15	北条貞顕
8	北条時宗	16	北条守時

北条氏は北Ｊ氏じゃないかってくらい、Ｊ時代に出て、後はあんま出ない。それにＪ時代だけに、ほぼ名前に時（Ji）がつく。

「北条と競う！」モンゴル襲来

北条と競うやつなんかおらへん思ってたら、8代執権北条時宗のときに元がおそってきた。時宗（と競う）だけにな。

[海外]

エビフライでない！

フビライ＝ハン

海外から攻撃なんて！

[武士]

モンゴル襲来！

エビシューマイ

げんこう
元寇

ぶんえい えき
文永の役
こうあん えき
弘安の役

8代執権
ほうじょうときむね
北条時宗

北条と競う!?

モンゴル出身の元の皇帝フビライ＝ハンは、朝鮮半島の高麗を服従させると、日本の九州へ2回も攻めてきた。

幕府は台風の影響もあって、元寇をなんとか退ける。

🔵 元とモンゴル帝国は同じ？

モンゴル帝国をつくったのはチンギス＝ハンや。モンゴル帝国は、子どもや親せきに国を分けて相続する。やから、ラーメンが塩・しょう油・とんこつ・みそといろんなラーメンに分かれたみたいに、モンゴル帝国も分かれていった。そのうちの中国にある国が元で、元の皇帝がフビライ＝ハンなんや。

この時代のモンゴルは世界一デカかったんや。

＊ちなみに玉先生のおすすめラーメンは、山形県の「陽風」の山形中華そばや！

84

J時代あれこれ

順番（JUNBAN）のJだけあって、おこったことがキレイにならんどる。声に出して読んで、バッチリ覚えるんや！

な、覚えやすいやろ。

重要語句にはどれもJがついとる。

《J時代の流れ》
① いい国つくろう鎌倉で
② 武士と貴族の2大勢力が
③ 3代将軍の死で戦い
④ 執権の北条義時が
⑤ 後鳥羽上皇を倒し
⑥ 六波羅探題で監視した。
⑦ 御成敗式目を泰時がつくり
⑧ 8代執権時宗のとき
⑨ 九州にモンゴルが急襲
⑩ 元寇があった！
ten

《J時代の重要語句》
Ⓙ 承久の乱
Ⓙ 貞永式目（御成敗式目）
Ⓙ 北条氏

《J時代に仏教ブーム》

黒服でボーズの男集団
初代J僧侶
ブラザーズ

浄土宗や浄土真宗、日蓮宗など、新しい仏教が出てくるねん。

Ｊ 時 代 の 日 本 史 年 表

1221年 承久の乱でにぶい朝廷をぶっとばせ！

1232年 御成敗式目で罪深いやつを成敗しろ！

1274年 元寇（文永の役）は船酔いで健康被害…

1281年 元寇（弘安の役）でまさかの２敗目、これは不憫…

掘り下げ キーワード

北条政子 ➡ 源頼朝の妻。承久の乱のとき、頼朝への恩返しとして幕府を守るため戦いなさいと御家人に演説した。北条氏は政子の父・北条時政から執権をつとめ、義時と泰時のとき、本格的に執権政治を開始。

御成敗式目 ➡ 御家人に対する裁判の基準を示したもの。守護・地頭の仕事、御家人の所領についても定められている。貞永式目ともいう。

元寇 ➡ 元の皇帝フビライ＝ハンは日本に使いを送り、元の属国になるよう要求したが、執権の北条時宗は拒否。そのため、二度にわたって攻めてきた。一度目が文永の役で、二度目が弘安の役。

北条政子もけっこう重要人物や。
しっかり覚えておいてくれ！

memo

授業などで知ったおもしろ裏話を
ここに**メモ**るんや！

K 時代

鎌倉・室町時代

だいたい 1300 ～ 1350 年

WEB は
こちら

こんな時代だよ

これまで、F 時代に藤原氏の力が弱まり。
F

G 時代に源氏敗北。H 時代に平氏が滅び。
G   H

J 時代に北条氏が元寇にあう。と、きて
J

いるから、勘のいい人は気づいているか

もしれへん。K 時代は鎌倉幕府が滅ぶん
K

や。その理由をきっちり見ていくで！
K

元寇を防いだのに、
なんで鎌倉幕府は
滅びたんですか？

鎌倉幕府が滅んだ理由は、
ブラック企業やったからや。

K 時 代 の 流 れ

[武 士]　　　　　　　　　　　[天 皇]

御家人は
土地がもらえず

足利尊氏　　楠木正成
あしかがたかうじ　くすのき まさしげ

K・
鎌倉幕府
完・K

後醍醐天皇
ご だい ご てんのう

1333年
天皇の政治！
建武の新政
けん む　　しんせい

・K

南北朝時代スタート

足利尊氏
あしかがたかうじ

京都の北朝
きょう と　　ほくちょう
き　　　き

奈良の南朝
な ら　　なんちょう
な　　　な

```
日本史鉄則●
仲間でも結局もめる！
```

光明天皇
こうみょうてんのう

1338年 室町幕府
むろまちばく ふ

後醍醐天皇
ご だい ご てんのう

続かない

89

鎌倉幕府はブラック企業だった

元寇で2回も元を追い返した幕府の御家人たち。やけど、相手が海外だから新しい土地がもらえんかったんや。

[武 士]

御家人の
不満が
たまる…

鎌倉幕府ボロボロ…、倒産寸前

戦でお金を使ったのに、土地をもらえなかった御家人は貧しくなり幕府への不満が爆発！　大問題となり幕府は弱ってしもた。

御家人の借金チャラに！
永仁の徳政令
えいにん　　とくせいれい

幕府は徳政令を出して、御家人の借金をチャラにすると、よけいに社会が混乱。

幕府に反抗的な御家人！
悪党
あくとう

御家人のなかには、悪党と呼ばれる悪いやつ（？）があらわれ、犯行（反抗）する。

御家人が
問題
おこし
まくり…

ブラック企業の鎌倉幕府、倒産

不満がたまっている御家人が増えてくると、Kだけに小太鼓天皇じゃなく後醍醐天皇が武士とともに鎌倉幕府をぶっ倒すんや。

御家人の不満爆発！

楠木正成のような幕府に反抗していた武士だけじゃなく、足利尊氏のような幕府側の御家人も後醍醐天皇を味方した。

[天 皇]

幕府に反抗する武士代表！
楠木正成（くすのき まさしげ）

幕府をうらぎった御家人代表！
足利尊氏（あしかがたかうじ）

幕府をやっつけろ！

打倒幕府が夢！
後醍醐天皇（ごだいごてんのう）
権力を奪い返すため、後醍醐天皇は弱った幕府を攻撃。

K 鎌倉幕府 完・K

幕府がなくなって朝廷の天下

幕府がなくなって敵なしとなった後醍醐天皇は、K時代だけに建武の新政という天皇中心の政治を始めるねん。

天皇の政治！
建武の新政（けんむ しんせい）

建武の新政は「嫌武（けんむ）」と思えるくらい武士を嫌って、貴族にやさしい政治。

貴族　後醍醐天皇（ごだいごてんのう）　武士

朝廷が2つ？ 南北朝時代

建武の新政で冷たくされた武士たちは、怒って後醍醐天皇を
京都から追い出すと、べつの天皇と新しい朝廷をつくるんや。

足利尊氏は後醍醐天皇を
京都から追い出す。

日本史鉄則 ● (→P.77)

仲間でも結局もめる！

南北朝時代スタート

京都の北朝

足利尊氏は武士にや
さしい光明天皇をた
て、新しい朝廷を京
都につくる（北朝）。

こうみょうてんのう
光明天皇

ごだいごてんのう
後醍醐天皇

なら　　なんちょう
奈良の南朝

後醍醐天皇は奈良（吉
野）に逃げて、新しい
朝廷の北朝と対抗する
（南朝）。

やっぱり足利尊氏も幕府をつくる

北朝の光明天皇から任命されて、足利尊氏もあの征夷大将軍
になると、室町幕府をつくるんや。こっからが室町時代やねん。

武士にやさしい！
むろまちばくふ
室町幕府

将軍になった！

あしかがたかうじ
足利尊氏

KとLの字を見
れば、北朝と南
朝のどちらが続く
か、わかるな。

鎌倉幕府がつぶ
れて5年、再び
幕府ができる。

続かない

一発で覚えるイラスト［南北朝時代編］

❶輝いている→光明天皇（こうみょうてんのう）
❷うんち→足利尊氏（あしかがたかうじ）
❻上が光明天皇
→北の京都に北朝（きょうと）（ほくちょう）

❸クスっと笑う→足利尊氏は楠木正成（くすのきまさしげ）と協力

❹小太鼓をたたく→後醍醐天皇（ごだいごてんのう）

❺毛虫→後醍醐天皇は建武の新政（けんむ）（しんせい）を行う

❼下が後醍醐天皇→南の奈良に南朝（なら）（なんちょう）

❽かまくらが崩れている→後醍醐天皇が鎌倉幕府（かまくらばくふ）を滅ぼす

❾おなら→1333年に鎌倉幕府滅亡（さよおなら）

「一発で覚えるイラスト」を自分で考えるのも
ええ勉強になるから、考えてみい。

K 時代 の 日本史 年表

1297年 永仁の徳政令

1333年 建武の新政はささささと終わったけど、ひさびさの天皇政治はなんか新鮮！

1338年 室町幕府はささやかな報酬に不満の武士のため、足利尊氏がつくった！

二条河原の落書

　後醍醐天皇が貴族にやさしい建武の新政を始めると、武士が不満をもつだけじゃなく、社会全体が混乱したんや。というのも、天皇の権力をめちゃくちゃ強くしたから、天皇が決めることが増えすぎて、政治が進まなくなってしもた。やから、建武の新政を皮肉った文書が京都の鴨川の二条河原に張り出されたりもしたんや。

このごろ都で流行ってるものといえば、夜討ち、強盗、ニセの天皇の命令書、囚人や急を告げる早馬、大したこともないのにおこる騒ぎ…

決めること多くていそがしい天皇に「もっと楽しよー♪」って落書を張り出したんかな？

memo 授業などで知ったおもしろ裏話を
ここにメモるんや！

L
時代

室町時代
（むろまちじだい）

だいたい 1350 〜 1450 年

WEBは
こちら

こんな時代だよ

L といえば、単位のリットルが有名やな。じつは、この L 時代も**リットル**なんや。「**利取る**（リットル）」ってな。利取る→利を取る→利益を取る、つまり、商業が発達した時代やねん。これは南北朝を統一して、社会が安定したからなんや。

L 時代は安定しとった。てのも幕府を朝廷と同じ京都につくったんで、天皇をあやつりやすかったのが、理由の1つや。

離れるほど、あやつりにくくなるって、まるでテレビのリモコンね。

[武 士]

金閣
金閣つくった人
↓

3代将軍！
足利義満（あしかがよしみつ）

1392 年
南北朝統一（なんぼくちょうとういつ）

ぴったり合体

8代将軍！
足利義政（あしかがよしまさ）

イヤン
まっすぐ
グルキィ

1467 年
応仁の乱（おうにん らん）

リットル＝利取る（商業）

明 ←→ 朝鮮
（￥）永楽通宝（えいらくつうほう）

勘合貿易（かんごうぼうえき）（日明貿易）（にちみんぼうえき）

 ➡

倭寇（わこう）　　　　勘合（かんごう）

ぴったり合体

発達した商業
定期市（ていきいち）
土倉・酒屋（どそう・さかや）
座（ざ）（商人グループ）
問（問丸）（とい）（といまる）・馬借（ばしゃく）

┌ 日本史鉄則 ● ┐
跡継ぎでもめる！
└─────────┘

《西軍》
（子）
足利義尚（あしかがよしひさ）
山名持豊（やまな もちとよ）

《東軍》
足利義視（あしかがよしみ）（弟）
細川勝元（ほそかわかつもと）

┌ 日本史鉄則 ● ┐
徹底的につぶせ！
└─────────┘

南北朝時代終了。北朝が統一

室町幕府の3代将軍・足利義満は、南朝をぶったたいて、南北朝を統一するんや。すると社会は安定して商業が発達すんねん。

3代将軍！
あしかがよしみつ
足利義満

南北朝統一

金閣

金閣て
つくった人

南北朝をぴったり合体させて安定させると、貿易などの商業で大成功し、金ピカの金閣を建てる。

朝廷を1つに統一すると、社会はLの字のように、まっすぐ安定や。

まっすぐ

● L時代は🕒3時だけに3がいっぱい！
●3代将軍の足利義満（3）
　　　　　　あしかがよしみつ
●商業で座（3）をつくったり、明（3）と貿易したり、
　　　　　ざ　　　　　　　　　みん
　うまいことやって大成功
●ほんで、将軍のサポート役の執権（4）は、
　　　　　　　　　　　　　しっけん
　3じゃないので、管領に変更
　　　　　　　　かんれい

※管領も3と関係ないって思ったやろ？　じつは管領は
　三管領いう3つの家が交代でなったから、3に関係するねん。

「利取る」だけに商売上手

戦争がないと田畑が荒らされんから、農業や産業が盛んになる。やから、いろんなもんが売り出されて、商業も発達するねん。

好景気ですわ！

あしかがよしみつ
足利義満

商業発達！

発達した商業

●定期市（ていきいち）	月に6回くらい商品を売買
●土倉・酒屋（どそう・さかや）	銀行みたいな金貸し
●座（ざ）	貴族や寺にお金を納め、商売を保護してもらうグループ
●問（問丸）・馬借（とい（といまる）・ばしゃく）	輸送する仕事

明との貿易でもうかりますわ：
勘合貿易（かんごうぼうえき）

この時代、モンゴルの勢いは弱まり、中国に明（みん）、朝鮮半島に朝鮮、沖縄には琉球王国（りゅうきゅう）ができて、貿易が盛んになるんや。

勘合貿易（かんごうぼうえき）（日明貿易（にちみんぼうえき））

朝鮮

明

ぴったり合体！
海賊発見機！

えいらくつうほう
永楽通宝

明と貿易すると、日本でも明の通貨の永楽通宝が広まり、さらに貿易や商業が活発に。

➡

わこう
倭寇

すると、貿易船などをねらった倭寇という海賊が誕生。

➡

かんごう
勘合

義満は倭寇を見分けるために、勘合という合い札を用いた。

日本を二分する応仁の乱

義満以降、パッとしない将軍が続くと、8代足利義政が「跡継ぎ決めるの、よしますわぁ」って決めんから、大変なことに。

銀閣つくった人 いーです

8代将軍！ 足利義政 よしますわぁ

日本史鉄則 ● （→P.37）
跡継ぎでもめる！

順調だった室町時代 跡継ぎ問題で急展開！ まっすぐ イヤッ グラッ キィ

応仁の乱

山名　細川

《西軍》
子
足利義尚
山名持豊

《東軍》
弟
足利義視
細川勝元

応仁だけに
オニのような乱やった

足利将軍家の跡継ぎ問題と有力な守護大名の山名氏と細川氏の対立がからんだ大戦争。京都は焼け野原に。

敵か味方か

日本史鉄則 ●
徹底的につぶせ！
~~×~~ できない

仲間どうしが分かれて戦った応仁の乱は、敵と仲間がわかりにくく日本史鉄則が守られんから、うまくいかんとグチャグチャになるんや。

一揆をいっきに覚えよう!

　一揆っていうんは、弱い立場の人々が協力して、暴力で「なんでやねん!」と反対することや。室町時代は南北朝が統一して、国が安定したから農業大革命（二毛作、水車、肥料など）がおきる。そうして収穫量がアップすると、自分たちを守るために、有力な農民を中心に人々が協力するグループの惣が誕生するねん。惣ができたことで、農民は一致団結して強い立場の人々に反抗し始めたんや。

惣で弱者の農民が一致団結
＊逆に強者の幕府や大名たちは、応仁の乱で弱っていた

いろいろな一揆

	苦しい農民が団結	宗教を信じる人が団結
室町時代	借金を±0にしろーー!! ＋とーで土! つちいっき **土一揆**	一向宗だっていっこうにかまわんやろ いっこうにかまわん! いっこういっき **一向一揆**
江戸時代	こんなビンボーじゃカゼひくわーい! 「ひゃくしょい」とかぜ! ひゃくしょういっき **百姓一揆**	オレらをいじめてスッキリしたんかい スッキリしたん! しまばら あまくさいっき **島原・天草一揆**

ほかにも地方の侍がおこした国一揆ってのがあるんや。

Ｌ時代の日本史年表

1392年 南北朝統一で足利義満の国づくり！

1404年 勘合貿易（日明貿易）

1428年 正長の土一揆

1467年 応仁の乱で人の世むなしく戦国時代へ！

掘り下げ キーワード

管領 ➡ 将軍のサポート役で、鎌倉幕府でいうと執権にあたる役職。

二毛作 ➡ 農業の技術が進歩し、同じ場所で米と麦を1年間で両方つくる二毛作が広まった。

商品作物 ➡ 食品ではなく、藍や麻など商品になる作物の栽培が盛んになった。

惣 ➡ まだらに存在した荘園ごとに管理されていた農民は、荘園制がくずれると集合・団結。有力な農民を中心に惣という村をつくり、村のおきてなど、自分たちのことは自分たちで決めた。

寄合 ➡ 村のおきてなどを決める惣のなかの会議。

土一揆 ➡ 団結した農民は、幕府に年貢の引き下げや徳政令を出すよう求めた。認められないときは、土倉や酒屋をおそった。

正長の土一揆 ➡ 代表的な土一揆。借金で苦しむ近江（滋賀県）の馬借が一揆をおこすと、京都に近い地域一帯の農民に広まり長く続いた。

memo

授業などで知ったおもしろ裏話を
ここにメモるんや!

戦国時代

だいたい **1450 〜 1550** 年

WEB は
こちら

こんな時代だよ

M 時代は例外の時代やで。海にかこまれている日本は、権力のイスが1つしか生まれん。でも、いろんな偶然が重なり、日本史のなかで唯一権力が分散した時代なんや。ここはあんまテストには出んけど、**オモロイ**からチェックしとくんや。
M

中国の三国志みたく、偶然、国がいくつもできてるんやけど、また、1つになる運命やねん。

まぁ、日本は海にかこまれて土地がせまいから、仕方ないわよね。

M　時代の流れ

応仁の乱
（おうにん　らん）

《西軍》
（やまな　は）
山名派

《東軍》
（ほそかわ　は）
細川派

オニのような
内乱や！

全国に権力が散る

権力　　　　権力　　　　　　権力　　　　　権力

各地にいうこときかん有力者戦国大名が誕生！
（せんごくだいみょう）

甲斐
武田

越後
上杉

陸奥
伊達

細川

山名

中国
毛利

尾張
織田

駿河
今川

相模
北条

105

中央はグダグダ。下剋上（げこくじょう）の世の中に

応仁の乱で 11 年もグダグダ戦ったせいで幕府の力は弱まり、
いうこときかないやつら（戦国大名）が全国にあらわれたんや。

ほったらかしに…

下剋上（げこくじょう）

応仁の乱は全国というよりも、
京都を中心にもめていたから、
地方はほったらかしに。そのた
め、各地で下剋上がおこった。
下剋上とは、身分的に下の者が
上の者を実力で倒すこと。

幕府には、けっこう苦情があったみたいや
な。けっこう苦情が下剋上を生んだんや。

 各地に戦国大名が誕生！

○ 守護から戦国大名へ

鎌倉幕府で置かれた守護（警察みたいなもん）から進化していったんや。

守護大名（しゅごだいみょう）

警察みたいな役職だった守護は、
室町幕府から年貢をとる権利や地
方武士を支配する権利をあたえら
れると、守護大名に進化。

戦国大名（せんごくだいみょう）

実力のある家臣などが守護大名を
下剋上で倒して、国を支配する戦
国大名に。守護大名から戦国大名
に進化したものも。

「おいもうたうえだって」「ほう」

重要な戦国大名は7人や。覚え方は「おい！　もう田植えだって！」「ほぅ」や。出てくる順番も重要度の順やねん。

お	<ruby>織田信長<rt>お だ のぶなが</rt></ruby>		尾張（愛知県）の戦国大名。天下統一をめざした。
い	<ruby>今川義元<rt>いまがわよしもと</rt></ruby>		駿河（静岡県）から三河（愛知県）あたりまで広い範囲をおさめた。名門大名。
もう	<ruby>毛利元就<rt>もう り もとなり</rt></ruby>		備中（広島県）を中心に、中国地方の広い範囲を支配した。「3本の矢」の話が有名。
た	<ruby>武田信玄<rt>たけ だ しんげん</rt></ruby>		甲斐（山梨県）の戦国大名。戦が得意で負けたことがとても少ない。
うえ	<ruby>上杉謙信<rt>うえすぎけんしん</rt></ruby>		越後（新潟県）の戦国大名。軍神と呼ばれるほど強い。
だって	<ruby>伊達政宗<rt>だ て まさむね</rt></ruby>		東北地方の広い範囲を支配した若い戦国大名。片目が見えず独眼竜とも呼ばれる。
ほう	<ruby>北条氏康<rt>ほうじょううじやす</rt></ruby>		関東地方の広い範囲を支配した地方豪族出身の戦国大名。

尾張（愛知県）の戦国大名。天下統一をめざした。

駿河（静岡県）から三河（愛知県）あたりまで広い範囲をおさめた。名門大名。

備中（広島県）を中心に、中国地方の広い範囲を支配した。「3本の矢」の話が有名。

甲斐（山梨県）の戦国大名。戦が得意で負けたことがとても少ない。

越後（新潟県）の戦国大名。軍神と呼ばれるほど強い。

東北地方の広い範囲を支配した若い戦国大名。片目が見えず独眼竜とも呼ばれる。

関東地方の広い範囲を支配した地方豪族出身の戦国大名。

守護大名から戦国大名に
守護大名の家臣から戦国大名に
地方豪族から戦国大名に

上のやつほど、しっかり覚えるんや。

きみは どの **武将タイプ** ?

ここでちょっと筆休めや。下の質問に答えていくと、自分に近いタイプの武将がわかるで！ 玉先生オリジナルの YES・NO チャートやねん。

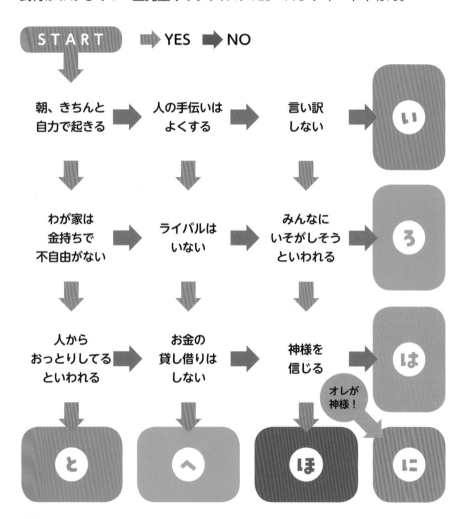

い 伊達政宗 タイプ

ついつい、「だって」と言い訳しちゃう。けど、それもまた「逃げる」という立派な防衛本能。戦国みたいな危険な時代には役立つで！

ろ 北条氏康 タイプ

まわりに気配りができるから、みんなに愛される。努力して成長したら、その力をまわりの人のために使うんや！

は 武田信玄 タイプ

昔ながらの根性論を大切にする。気合いと根性でどんな困難ものりこえるから、ピンチにも強いはずや！　がんばりすぎに注意。

に 織田信長 タイプ

自分の心の声を信じて、まわりの人間に流されず生きていく。じっくり考えて、おもしろい人生を選ぶんやで！

ほ 上杉謙信 タイプ

めちゃくちゃ人間的に強い。東北（山形県）では神様としてまつられるくらい。人から頼られることも多いから、助けたれ！

へ 毛利元就 タイプ

お金の貸し借りなどをしない堅実タイプ。しっかりリスクをコントロールできるから、じっくり確実に成長できるはずや！

と 今川義元 タイプ

貴族みたいにプライドが高い。あんまりえらそうにしてたら嫌われてしまうで。心によゆうがある点をいかすんや！

みんなはどんなタイプやった？

Ｍ時代の日本史年表

1485年　山城国一揆（やましろのくにいっき）
1488年　加賀の一向一揆（かがのいっこういっき）

掘り下げ キーワード

分国法（家法）（ぶんこくほう（かほう））➡ 戦国大名は自分の領土を支配するため、分国法（家法）をつくって家臣や農民をまとめた。

城下町（じょうかまち）➡ 戦国大名は、城を中心に家臣や商人を集め、城下町をつくった。

門前町（もんぜんまち）➡ 城のまわりに城下町が発達したように、大きな寺社の門の前には門前町が発達した。

港町（みなとまち）➡ 勘合貿易によって、堺や博多などは港町として栄えた。

宿場町（しゅくばまち）➡ 交通のうえで重要な土地は、宿場町として栄えた。

自治都市（じちとし）➡ 堺や博多、京都などの大きな町では、有力な商工業者が集まり自治を行った。とくに堺は、町のまわりに堀をつくり、武士をやとって戦国大名に対抗した。

山城国一揆（やましろのくにいっき）➡ 京都の南部で農民や武士などが守護大名（しゅごだいみょう）相手におこした一揆。守護大名を追い出して、8年ほど自治を行った。

加賀の一向一揆（かがのいっこういっき）➡ 加賀（石川県）の浄土真宗を信じる人たちが、武士などとともに守護大名を追い出した一揆。

戦国時代の知識が増えると、戦国時代のマンガやゲームなんかがもっと楽しくなるはずや。

memo 授業などで知ったおもしろ裏話を
ここにメモるんや!

安土桃山時代
あづちももやまじだい

N 時代

だいたい 1550 〜 1600 年

WEB は
こちら

こんな時代だよ

N 時代は「あいうえお」の終わりの「**ん**」だけに、戦国時代に**終わり**をつげる尾張の信長が出てくるんや。でも、本能寺で倒され天下統一は **NO** って、まさに N ざんまい！　その後、秀吉が統一して、権力の座をまた 1 つにするねん。

N_お（尾）
わり（張）
NO（信長）
NO（本能寺）

あの戦国時代を勝ちぬいた最強の信長も、たった 1 回明智にうらぎられただけで死ぬで。

明智だけに、
あっけないわね。

[海 外]　　　　　　　　　　　　　　　[国 内]

戦国の終

尾張の織田信長
（おわり　おだのぶなが）

鉄砲伝来
キリスト教伝来

今川義元
（いまがわよしもと）　← 桶狭間の戦い（おけはざま　たたか）

足利義昭を
15代将軍に！
（あしかがよしあき）

でもやめさせる！
室町幕府滅亡

宣教師
フランシスコ＝
ザビエル

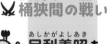

延暦寺焼き討ち（えんりゃくじやう）

安土城（あづちじょう）

1582年

本能寺の変（ほんのうじへん）

はむかった

明智光秀（あけちみつひで）

信長の元部下！
豊臣秀吉（とよとみひでよし）

大阪城（おおさかじょう）　関白（かんぱく）

1590年

天下統一

宣教師出てけ！
バテレン追放令（ついほうれい）

外国攻めろ！
朝鮮出兵（ちょうせんしゅっぺい）

← かなり仲悪い →

太閤検地（たいこうけんち）
石高調べて
税金アップ♪

刀狩令（かたながりれい）
武器奪って
反乱を阻止♪

1592年　　　1597年
文禄の役　　慶長の役
（ぶんろく　えき）　（けいちょう　えき）

挑戦失敗

戦国時代を終わらせる 尾張の織田信長

今の愛知県あたりにあった尾張の戦国大名・織田信長が、ライバルをぶっとばし、日本の頂点に登りつめるんや。

桶狭間の戦い 　有力な戦国大名の今川義元を倒す。

延暦寺焼き討ち　信長に反抗的な坊主の延暦寺（比叡山）を燃やす。

足がかりによし！
足利義昭をやめさせる！ 　室町幕府の将軍・足利義昭をやめさせて、室町幕府をつぶす。

[国内]

めざせ！天下統一

戦国の終
尾張の
織田信長

琵琶湖のそばに 信長の安土城完成！

日本のトップにふさわしい絢爛豪華な天守閣をもつ安土城を滋賀県の琵琶湖のそばに築いて、天下統一の拠点としたで。

本当は城を建てた地域を信長が「平安楽土」という言葉から「安土」と名付けたんや。

信長の終わりはあっけない

本能のまま戦ってきた信長は、天下統一目前に本能寺で明智のうらぎりにあい、あっけなく死んでまうんや。

織田信長

部下の明智光秀にうらぎられ、本能寺の変であっけなく倒される。

 倒す！

信長の部下！
明智光秀

明智光秀も光秀だけに3日で、信長の部下の豊臣秀吉に倒される。

倒す！

信長の部下！
豊臣秀吉

信長が
やったのは
あ行!!

- 尾張から日本のトップをめざす！
- 今川義元を桶狭間で倒す！
- 足利将軍を辞めさせて室町幕府を滅ぼす！
- 安土城を建設する！
- 延暦寺（比叡山）を焼き討ちにする！
- 明智光秀にうらぎられて死ぬ！（本能寺の変）

信長の後を受け、豊臣秀吉が天下統一

信長の後継者となったのは、明智光秀を倒した豊臣秀吉。秀吉は関白や太政大臣になり、ひさしぶりに天下統一。

大阪城（おおさかじょう）

大阪城を築いて
天下統一の
本拠地に。

➡

完全に
パクれ！

関白（かんぱく）

朝廷から関白や
太政大臣に
任命される。

➡

天下統一（てんかとういつ）

応仁の乱以降、
ひさしぶりに
全国統一。

天下とる
ウキ

信長の元部下！

豊臣秀吉（とよとみひでよし）

あだ名はサル！

やってることもサルっぽい！

秀吉が信長にサルと呼ばれとったんは、見た目がサルっぽかったからやねん。じっさいやってることもサルっぽいで。

太閤検地（たいこうけんち）

殿！それは
たいそうウンチで
ござる！

たいそうな
ウンチ…

スッキリ

デケェ…

全国の田畑の面積を調べ、
しっかり年貢をとった。

刀狩令（かたながりれい）

殿！それは
バナナ狩りで
ござる！

ウキ

武士以外から刀を取り上げ、
反乱できないようにした。

仲良かった海外と仲が悪く…

信長は海外の国とも仲良くやっとったけど、秀吉の時代になると、きびしく距離をとったで。サルだけにすぐ怒ったんや。

[海外]

鉄砲**伝来**
キリスト教**伝来**

「キリスト立ててもいい？」

「ええよ！」

海外に興味津々だった信長は、キリスト教を認め、外国と仲良くした。

宣教師
フランシスコ＝ザビエル ←──**信長の時代**──→ **織田信長**（おだのぶなが）
仲良し

どんどん海外と離れていく…

ウッキーじゃなく **ムッキー**

宣教師出てけ！
バテレン追放令（ついほうれい）

外国攻めろ！
（ちょうせんしゅっぺい） ←────────── **秀吉の時代**
朝鮮出兵 **かなり仲悪い** **豊臣秀吉**（とよとみひでよし）

1回目
（ぶんろく　えき）
文禄の役

2回目
（けいちょう　えき）
慶長の役

朝鮮侵略に2回も挑戦！

しかし… ➡ **挑戦失敗**

出兵だけに、2回とも失敗するんや！

秀吉は、バテレン追放令を出して宣教師を追い出したり、朝鮮を攻めたりするくらい、海外とはうまくいかなかった。

Ｎ時代の日本史年表

1543年 鉄砲伝来で大量購入。ご予算足りる？

1549年 キリスト教伝来で以後よく増えるイエズス会！

1560年 桶狭間の戦いで今川いちころ KO や！

1573年 室町幕府滅亡で以後波は信長天下の足がかり！

1575年 長篠の戦い

1576年 信長が安土城を築城

1582年 本能寺の変はまさかこやつにあっけなく！

1582年 太閤検地

1588年 刀狩令

1590年 秀吉の天下統一

1592年 文禄の役 （朝鮮に出兵する）

1597年 慶長の役

掘り下げ キーワード

鉄砲 ➡ ポルトガル人によって伝えられた武器。戦国時代の戦い方に大きな影響をあたえた。

種子島 ➡ 鉄砲を伝えたポルトガル人を乗せた中国船が流れ着いた鹿児島県の島。

イエズス会 ➡ キリスト教を日本に伝えた宣教師フランシスコ＝ザビエルが入っていたキリスト教の修道会。

南蛮貿易 ➡ 長崎や平戸などで行ったポルトガル人やスペイン人との貿易。当時の日本では、ポルトガル人やスペイン人を南蛮人と呼んでいた。

キリシタン大名 ➡ 貿易の利益のため、キリスト教を保護し、自分もキリスト教徒になった戦国大名。

長篠の戦い ➡ 織田信長が足軽鉄砲隊をつくって、甲斐（山梨県）の武田氏を破った戦い。

楽市・楽座 ➡ 織田信長が行った市場の税を免除し、室町時代から続いていた座を廃止した政策。自由に商売できるので、商売が発展。

太閤 ➡ 関白の位を退いた人。豊臣秀吉を指すことが多い。

太閤検地 ➡ 耕作者を検地帳に登録して、確実に年貢を徴収した。また、ものさし・ますを統一し収穫量を石高で表した。

刀狩令 ➡ 農民や寺などから武器を取りあげた。これにより武士と農民の身分の区別が進んだ（兵農分離）。

朝鮮出兵 ➡ 豊臣秀吉は明を征服するために、朝鮮に服従・協力を求めるが、拒否されたため出兵した。

李舜臣 ➡ 朝鮮出兵は李舜臣の率いる朝鮮水軍が活躍したため、苦戦した。

memo

授業などで知ったおもしろ裏話を
ここにメモるんや！

O 時代

江戸時代 初期
えどじだい

だいたい **1600 〜 1650** 年

WEB は
こちら

こんな時代だよ

秀吉によって再び統一された日本。でも、秀吉は朝鮮出兵の最中に病死してまう。すると、関東をおさめていた徳川家康が「わしの番じゃ！」と登場するんや。家康はタヌキ<u>親父</u>っていわれるけど、O時代はまさに、<u>親父</u>ギャグの時代やで。

Oの字が、響き的に親父っぽいな。O時代はたくさんギャグが入ってんで。

自分でもギャグを考えてみたり、みんなで考えて出し合ったりしてもいいわね。

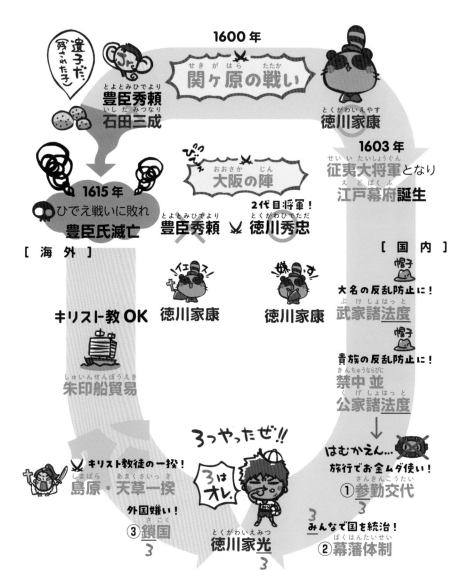

1600 年

（遺子だ！（残された子））

とよとみひでより
豊臣秀頼
いしだみつなり
石田三成

せきがはらたたか
関ヶ原の戦い

徳川家康
とくがわいえやす

1603 年
せいいたいしょうぐん
征夷大将軍となり
えどばくふ
江戸幕府誕生

1615 年
ひでえ戦いに敗れ
豊臣氏滅亡

おおさかじん
大阪の陣
2代目将軍！
とよとみひでより
豊臣秀頼 × 徳川秀忠
とくがわひでただ

[海 外]

キリスト教 OK

徳川家康（イエス！）

徳川家康（嫌じゃ）

[国 内]

大名の反乱防止に！
ぶけしょはっと
武家諸法度

貴族の反乱防止に！
きんちゅうならびに
禁中並
くげしょはっと
公家諸法度

しゅいんせんぼうえき
朱印船貿易

ろっやったぜ!!

はむかえん...

旅行でお金ムダ使い！
さんきんこうたい
①参勤交代
3

キリスト教徒の一揆！
しまばら あまくさいっき
島原・天草一揆

ろは
オレ。

外国嫌い！
さこく
③鎖国
3

みんなで国を統治！
ばくはんたいせい
②幕藩体制

徳川家光
とくがわいえみつ
3

どっちが秀吉の後継者？
関ヶ原の戦い

秀吉は2回目の朝鮮出兵のときに病死。そのため、だれが後継者になるか、日本を二分する大戦争がおきたんや。

遺子だ！（残された子）

とよとみひでより
豊臣秀頼
いしだみつなり
石田三成

関ヶ原の戦い
（せきがはらのたたかい）

とくがわいえやす
徳川家康

「秀吉の遺子を残せ」と、秀吉の子の秀頼側に石田三成がついて戦う。

勝った家康は、秀頼や秀頼についた大名を生かし、日本史鉄則「徹底的につぶせ！」を守らんかった。

「秀頼じゃ嫌っす」と、有力大名の家康が戦いを挑む。

敗北
×

勝利
○

石田三成死亡。
豊臣秀頼は
一大名に格下げ

日本史鉄則 ● 徹底的につぶせ！

↓

守らないと戦争がおこる

征夷大将軍
となって
江戸幕府誕生

豊臣秀吉の子！
とよとみひでより
豊臣秀頼

敗北
×

豊臣氏滅亡

2代目将軍！
とくがわひでただ
徳川秀忠

ぴっ
ひでぇ
おおさか じん
大阪の陣

家康が将軍を2代目徳川秀忠にゆずると、豊臣秀頼が幕府に反乱！　秀忠 VS 秀頼のひでぇ戦いがおこる。

勝利

○

江戸幕府は続く

幕府は海外好きから海外嫌いに

家康のころは「イエス！」いうて海外と仲良し。でも、キリスト教を警戒してしだいに海外嫌いになっていくねん。

[海 外]

海外
好きっす！

とくがわいえやす
徳川家康

キリスト教 OK

海外で貿易！
しゅいんせんぼうえき
朱印船貿易

朱印状（パスポートみたいなもの）を持っている大名や商人は、海外に船を送って貿易を行った。

キリスト教 NG

やっぱりキリスト教ダメ！
きんきょうれい
禁教令

キリスト教 OK だった幕府は、2代将軍秀忠のころから、将軍より神を敬うキリスト教を禁止するようになった。

[国 内]

反乱
嫌っす！

とくがわいえやす
徳川家康

大名の反乱を防止する法律！
ぶ け しょはっと
武家諸法度 hat

貴族の反乱を防止する法律！
きんちゅうならびにく げ しょはっと
禁中並公家諸法度   hat

反乱につながることを禁止する法律。2代将軍秀忠のころに大名や貴族などをしばるルールが出された。

反乱を防止（帽子）するためには Hat（帽子）ってことで、幕府は大名や貴族に法度を出すんや。

3代将軍家光はなんでも3！

3代将軍の徳川家光は、名前に光（3つ）が入ってるだけに、
なんでも3がらみのことを3つしたんや。

キリスト教徒の一揆！
島原・天草一揆
（しまばら・あまくさいっき）

キリスト教の一揆が
おこり、幕府はさら
にキリスト教嫌いに。

はむかえん...
① **参勤交代**
（さんきんこうたい）

3は
オレ。

② **幕藩体制**
（ばくはんたいせい）

アカジ
くなる...

③ **鎖国**
（さこく）

3代目将軍！
徳川家光
（とくがわいえみつ）

◎ 家光がやった3

① 参勤交代
3

大名の家族を人質にして江戸にいさせ、1年ごとに大名を江
戸に呼んだ。これでは大名は反乱するお金が貯められない。

② 幕藩体制

中央の幕府（将軍）だけじゃなく、地方の藩（大名）のみ
んなに協力してもらって、いっしょに国を安定させた。 3

③ 鎖国
3

ポルトガル船の来航を禁止し、キリスト教を広めないオラン
ダと中国のみ、長崎の出島などで貿易を行った。

これで国内の反乱もおさまって、
めっちゃ国が安定したんや。

江戸の3大あれこれ

3大大名

将軍から1万石以上の領地をあたえられた武士を大名というねん。3種類に分けられるんや。

親藩（しんぱん）
徳川氏の一族の大名。

譜代（ふだい）大名（だいみょう）
関ヶ原の戦い以前から徳川氏家臣の大名。

外様（とざま）大名（だいみょう）
関ヶ原の戦い後、徳川氏にしたがった大名。

3大エライ人

江戸幕府で実際に政治を行ったのは、この3つの役職の人らや。

大老（たいろう）
すごい老人。ヨボヨボすぎるためかずっと働けず臨時の最高職。

老中（ろうじゅう）
亀の甲より年の功。人生経験をいかし大活躍。通常の最高職。

若年寄（わかどしより）
めざせ老中！経験をつみつつ老中をサポートしている。

（本当は老人以外もこれらの役職についたで）

3大奉行

奉行は今でいうと公務員。この3奉行が江戸幕府の行政をささえたんや。

寺社奉行（じしゃぶぎょう）
寺や神社をとりしまる。

勘定奉行（かんじょうぶぎょう）
幕府の財政を管理。

町奉行（まちぶぎょう）
町のことをとりしまる。

覚え方は、不器用（奉行）な、カンチョー（勘定・町）で、痔（寺社）や！

○時代の日本史年表

1600年 関ヶ原の戦いで群れなして、みんな大合戦！

1603年 江戸幕府の徳川家康が将軍でヒーローおっさんや！

1614年 大阪の陣 （～1615年）

1615年 武家諸法度で異論以後だれもダメ！

1635年 参勤交代

1637年 島原・天草一揆で無残なキリスト弾圧…

1639年 ポルトガル船の来航禁止 （鎖国が完成）

掘り下げ キーワード

旗本・御家人 ➡ 幕府の軍事力をささえた将軍直属の家臣。旗本の方が身分が高く、将軍に会うことができた。

老中 ➡ 将軍の下に常に置かれていた実際に政治を行う最高職。町奉行や勘定奉行を指揮した。

京都所司代 ➡ 京都を守り、朝廷に関する仕事を行うほか、朝廷や公家、西の大名を監視する任務があった。

年貢米・俸禄米 ➡ 江戸時代の中ごろくらいまでの経済は米が基本。幕府や藩に税として納める米が年貢米。幕府や藩が給料として武士に支給する米が俸禄米。

本百姓・水のみ百姓 ➡ 本百姓とは土地を持っている百姓のこと。持たない百姓は水のみ百姓といい、本百姓から土地を借りていた（小作人）。

庄屋（名主） ➡ 村の年貢の責任者。本百姓のなかから選ばれた。

御触書 ➡ 百姓の日常生活をきびしく管理した決めごと。年貢をきちんととるために幕府が決めた。

五人組（ごにんぐみ） ➡ 農家5戸を1組として連帯責任をおわせ、年貢をきちんと納めるよう、たがいに監視させた。

四公六民（しこうろくみん） ➡ 年貢（税）の割合。収穫の40％を納めることを四公六民という。

日本町（にほんまち） ➡ 朱印船貿易（しゅいんせんぼうえき）で朱印状（渡航許可書）があたえられた大名や商人は、東南アジアで貿易を行い、そこに日本町をつくった。

絵踏（えふみ） ➡ 幕府はキリスト教徒を発見するために、キリストやマリアの像を踏ませ、踏まなかったら処罰した。

出島（でじま） ➡ キリスト教を広めないオランダとは、長崎につくられた人工島の出島で貿易を行った。

唐人屋敷（とうじんやしき） ➡ 中国との貿易に使われた長崎に置かれた施設。

朝鮮通信使（ちょうせんつうしんし） ➡ 鎖国中でも、薩摩藩と琉球、対馬藩と朝鮮、松前藩と蝦夷地は貿易を行った。朝鮮からは対馬藩を窓口にして、将軍の代がわりのときに朝鮮通信使という使節団がやってきた。

シャクシャイン ➡ 蝦夷地（北海道）にすむアイヌの人々は、シャクシャインをリーダーにして松前藩と戦うが敗れる。

武断政治（ぶだんせいじ） ➡ 家康・秀忠・家光の3代までは、幕府に従わなければ処分するきびしい政治を行った。

memo 授業などで知ったおもしろ裏話をここにメモるんや！

P 時代

江戸時代 前期

だいたい 1650 ～ 1700 年

WEB は
こちら

こんな時代だよ

江戸時代の基礎をつくった ○ 時代の後は P 時代や。この時代、国は<u>ピ</u>シッと
P
1 つにまとまり、汚れた部分を<u>ピ</u>カピカ
P
にして、戦もなく安定しとるねん。そやけど、P だけに思わぬ<u>ピ</u>ンチがおとずれ
P
るんや！

安定しとるように見えても
ピンチはおこるもんや。

あんたは安定して
ピンチがおこって
いるわね。

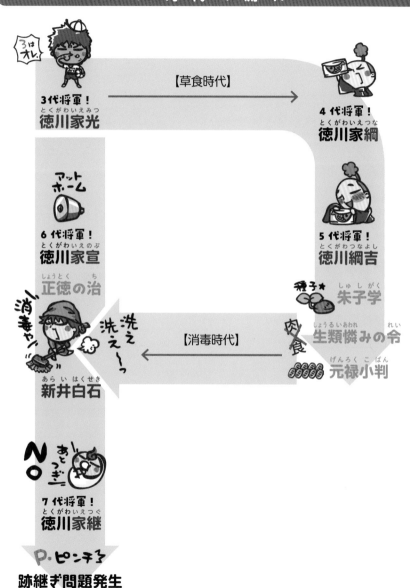

ろはオレ.

3代将軍！
とくがわいえみつ
徳川家光

【草食時代】

4 代将軍！
とくがわいえつな
徳川家綱

アット
ホーム

6 代将軍！
とくがわいえのぶ
徳川家宣

しょうとく ち
正徳の治

5 代将軍！
とくがわつなよし
徳川綱吉

種子★ しゅ し がく
朱子学

消毒ャ！

洗え
洗えーっ

【消毒時代】

しょうるいあわれ れい
生類憐みの令

げんろく こ ばん
元禄小判

あら い はくせき
新井白石

NO

あと
つぎ

7 代将軍！
とくがわいえつぐ
徳川家継

P.ピンチ？

跡継ぎ問題発生

時代は肉食系から草食系に！

家光までは、大名などを力でおさえる武断政治やったけど、ここからは学問を大事にする文治政治になる。つまり草食系や。

元気いっぱい
肉食将軍！

ハム買わなくなったので、ツナ（魚）に

3代将軍！
とくがわいえみつ
徳川家光

家光は大名を力でおさえていたが、はむかわなくなってきたので、家綱は学問を大事にする文治政治へ。

おとないい
草食将軍！

4代将軍！
とくがわいえつな
徳川家綱

ツナ好きの系譜を継いだ綱吉

5代将軍の徳川綱吉は、「ツナ良し！」っていうくらいの草食系や。動物愛護の生類憐みの令で有名やねん。

種子とか肉食禁止とか、まさに草食系やな。「ツナは草食？」ってツッコミはなしや。

種子★
朱子学（しゅしがく）

身分の上下などを重んじた学問。幕府の正式な学問に。

生類憐みの令（しょうるいあわれみのれい）

行きすぎた動物愛護を命じた法律。綱吉は、人間を含む動物（とくに犬）にやさしかった。

ツナ大好き！
草食将軍！

5代将軍！
とくがわつなよし
徳川綱吉

綱吉は草食系（文治政治）をよりいっそうすすめる。

金の少ない元禄小判で大混乱

この時代、P時代だけに江戸の大火事などのピンチも多いんや。幕府は大赤字のため、金の少ない元禄小判をつくるねん。

金

たくさん入れると…　ちょっとだけ

少なくすると…　たくさん！

げんろく こ ばん
元禄小判

これでみんなをだますぞ！ウヒヒ…

5代将軍！
とくがわつなよし
徳川綱吉

財政難のため、質を落としてたくさん小判をつくるけど、物価が上昇してかえって混乱するんや。

価値が低いだけに、名前を省略すると「ゲロ小判」と汚い。江戸時代は金貨である小判のほか、
かんえいつうほう
寛永通宝という貨幣が使われた。

◎ P時代のピンチあれこれ

　P時代は、戦が減って平和になったものの、いろんなピンチがおきまくって、お金がかかりまくるんや。

めいれき たいか
明暦の大火

江戸時代最大の大火事

ふ じ さんだいふん か
富士山大噴火

江戸にも大量の火山灰

あと つ もんだい
跡継ぎ問題

→つぎのページ

新井白石が洗って消毒：正徳の治

綱吉の死後、アットホームな名前の家宣が6代将軍になると、将軍のサポート役の新井白石に悪い政治を消毒させるんや。

ドアノブみたいな名前！

アットホーム

6代将軍！
徳川家宣
とくがわいえのぶ

消毒や！

洗え洗え〜っ

将軍をサポート！
新井白石
あらいはくせき

正徳の治
しょうとく ち

新井白石は、その名の通り「洗えー」といって、生類憐みの令をやめたり、小判の質を上げたり、綱吉時代の失敗を消毒。

正徳の治で消毒して大変革

消毒したはいいけれど…

7代将軍の家継はその名のごとく、「イイエ、継ぎません」と家を継ぐのを拒否。P時代だけにピンチをむかえるねん。

7代将軍！
徳川家継
とくがわいえつぐ

跡継ぎ問題
発生

家継は4歳で将軍になるが、8歳で病死してしまう。ほかの兄弟たちも先に病死。将軍になる跡継ぎがいなくなってしまう。

家宣（ドアノブ）って無機物やったことを思うと、生命を産み出すのは難しかったんやろな。

跡継ぎ問題も安心の御三家システム

　日本史鉄則「跡継ぎでもめる！（→ P.37）」があるから、世継ぎがいないのは大問題や。でも、江戸幕府はこんなときのために、徳川の血を受け継いだ御三家（紀伊藩、尾張藩、水戸藩）を用意しとるんや。このなかから跡継ぎを選ぶことになっとるから、大問題になりにくいねん。

8代将軍には、問題解決する鍵となる紀伊藩から、名前に「八」が入った吉宗がやってくる。

お金の変化

　江戸時代は寛永通宝というお金が使われたんや。貨幣制度がより整えられて、両替商いう現在の銀行みたいな商売も始まったんや。

和同開珎
わ どうかいちん
奈良時代
お金未経験で、使い方がイマイチわからず。

永楽通宝
えいらくつうほう
室町時代
お金のことが少しずつわかってきた。

寛永通宝
かんえいつうほう
江戸時代
みんな上手にお金を使えるように。

Ｐ時代の日本史年表

1685年　生類憐みの令

掘り下げ キーワード

文治政治 ➡ きびしい「武」の雰囲気を改め、学問（朱子学）にもとづく政治をすすめた。

長崎貿易の制限 ➡ オランダや中国と行っていた貿易は、日本の輸出よりも輸入が多く海外へ金銀が流出していた。そのため新井白石は、オランダ・中国の１年間の船数と貿易額を制限した。

五街道 ➡ 参勤交代や産業の発達により、江戸と各地を結ぶ五街道（東海道・甲州道中・中山道・奥州道中・日光道中）が整備された。

宿場 ➡ 街道につくられた休んだり泊まったりする施設。公共の荷物などをつぎの宿場まで運ぶ役割もあった。

関所 ➡ 街道の重要地に設置され、人や物の行き来を監視した。

渡し ➡ 橋のない大きな川を船で渡るための施設。

東廻り航路・西廻り航路
➡ 菱垣廻船や樽廻船を使った海上の交通。おもに東北や北陸の米を江戸や大阪に運ぶために利用された。

三都 ➡ 「将軍のおひざもと」と呼ばれる江戸、「天下の台所」と呼ばれる大阪、朝廷のある京都は三都と呼ばれた。

新田開発 ➡ 幕府や藩は干拓や用水路を整備して、新しい田をつくる新田開発をすすめた。米の収穫量は、秀吉のころの２倍に。

備中ぐわ ➡ 土地を深く耕すことができる農具。

千歯こき ➡ 稲穂からもみをはずす農具。

鉱山の直轄地 ➡ 佐渡金山、生野銀山、足尾銅山など重要な鉱山を幕府の直轄地にした。

株仲間（かぶなかま）⇒ 大商人がつくった同じ業者のグループ。幕府や藩に税を納めることで、その仕事を独占して行うことを認められた。

両替商（りょうがえしょう）⇒ 貨幣の交換や預金、貸付などを行う銀行のような商人。

蔵屋敷（くらやしき）⇒ 幕府や藩が、年貢米や特産物を売ったり保管したりするためにつくった屋敷。

蔵元（くらもと）⇒ 幕府や藩の蔵屋敷の米などを管理・販売する商人。

掛屋（かけや）⇒ 藩の蔵屋敷の米などの販売や、代金の保管・送金を行う商人。

札差（ふださし）⇒ 旗本や御家人の俸禄米を手数料を取って売ったり、米を担保にお金を貸したりする商人。

memo

授業などで知ったおもしろ裏話を
ここにメモるんや！

Q 時代

江戸時代 中後期

だいたい1700〜1850年

WEBは
こちら

こんな時代だよ

Q 時代は御三家の紀伊藩からやってきた吉宗の改革からスタートや。この時代は財政難で四苦八苦。いろんな人物が改革するねん。そして、新たな敵が登場するからそこも注目や。その敵は **Q** の字のごとく外から急にやってくるねん。

幕府の改革は失敗ばかりで
流れがぶつ切りやから
ギャグ増で覚えやすくしたで。

あんたのギャグも
失敗ばかりね。

Q 時代の流れ

[えらい人]　　　　　　　　　　　　　　　**[庶民]**

ムダ使い禁止！
けんやくれい
倹約令

参勤交代を短縮！
あげまい せい
上米の制

8代将軍！
とくがわよしむね
徳川吉宗
きょうほう かいかく
享保の改革

庶民の意見を聞く！
めやすばこ
目安箱

9時から
8時の番組の後！
くじかたおさだめがき
公事方御定書

きびしい年貢！
ごこうごみん
五公五民

ムシロ商人の力で！

10代将軍！
とくがわいえはる
徳川家治

あさまやま ふんか
浅間山の噴火

老中！
たぬまおきつぐ
田沼意次

てんめい
天明のききん

海外にかかわる時代へ！

11代将軍！
とくがわいえなり
徳川家斉

かんせい かいかく
寛政の改革

老中！
まつだいらさだのぶ
松平定信

いこくせんうちはらいれい
異国船打払令

ロシア！
ラクスマン

海外がどんどん入ってくる！

外国好きを罰する！
ばんしゃ ごく
蛮社の獄

イギリス！
フェートン号

老中！
みずのただくに
水野忠邦
てんぽう かいかく
天保の改革

12代将軍！
とくがわいえよし
徳川家慶

お米でたてなおし：享保の改革

P 時代にピンチで赤字になったから、財政をたてなおすため、吉宗は「米将軍」と呼ばれるほど、米を集めまくったんや。

きゃっほーい！

8代将軍！
徳川吉宗（とくがわよしむね）

享保の改革スタート

※玉先生が子どものころやっていたテレビの主人公

享保の改革

暴れん坊なので「きゃっほーい！」と元気にする改革を行う。

［えらい人］

倹約令（けんやくれい）
武士には質素な生活をし、武芸にはげむようすすめた。

上米の制（あげまいのせい）
大名には参勤交代の期間を短くする代わりに米を納めさせた。

公事方御定書（くじかたおさだめがき）
公正な裁判ができるように裁判の基準を決めた。

めっちゃ米を集めとるな。

［庶民］

目安箱（めやすばこ）
庶民の意見を聞くための投書箱。投書によって、町火消しや養生所がつくられた。

五公五民（ごこうごみん）
年貢が四公六民から、1割もアップし、5割も幕府に納めることに。

百姓一揆や打ちこわしが発生

玉先生的 歴史考察
吉宗は8代将軍だけに 8にこだわっていた?

　　土曜8時にテレビに出た経験から、視聴者の意見のように庶民から意見をもらう目安箱を設置。8時の番組の後は、9時から御定書（公事方御定書）。武士には倹約させハ（8）デな生活を禁止に。上米の制や五公五民によって八十八の手間がかかるという米を集めた。ほら、みんな8に関わっとるやろ。

ムシロ商人の力で：田沼の政治

農民にがんばらせて米を増やす改革より、老中の田沼は商人にがんばらせて財政をたてなおそうとするんや。

10代将軍！
とくがわいえはる
徳川家治

10代将軍の家治は名前の通り、農民より<u>ムシロ</u>商人を優遇

老中！
たぬまおきつぐ
田沼意次

田沼は、商人に株仲間（かぶなかま）をつくらせ商売を独占させる代わりに税をとって税収アップ。しかし、ワイロも増える。

商人優遇

あさまやま　ふんか
浅間山の噴火

てんめい
天明のききん

浅間山噴火でききんがおこり、ピンチが続いて、一揆や打ちこわしが増える。

世の中を真っ平らに：寛政の改革

ワイロや打ちこわしに「待った」をかけた老中の松平定信は、世の中をキレイに真っ平らにしようと、寛政の改革を行うんや。

11代将軍！
とくがわいえなり
徳川家斉

待った!!

老中！
まつだいらさだのぶ
松平定信

寛政の改革は、きびしすぎやから、みんなの反感をかって、完成しないんや。

寛政の改革

- 武士は武芸にはげみ、朱子学だけを学べ！
- 出かせぎの百姓は村に帰り、米をつくれ！
- 商人は御家人の借金を帳消しにしろ！

Q 時代だけに急に海外が！

11代将軍家斉のころ、海外から続々と船がやってくる。幕府は貿易などを求める外国船を追い返すのにやっきになるんや。

追い返せ！

11代将軍！
とくがわいえなり
徳川家斉

水や燃料の補給などを目的に、ロシアやイギリスなどの外国船がやってくる。幕府は再びやってこないよう、砲撃して追い払えと、異国船打払令を出す。

いこくせんうちはらいれい
異国船打払令

ロシア！
ラクスマン

イギリス！
フェートン号

水と油で失敗確実：天保の改革

「良しをイイエ」と否定されとる12代将軍家慶のころ、老中の水野忠邦は日本といえば天ぷらってことで天保の改革を行うで。

老中！
水野忠邦
（みずの ただくに）

外国の仲間にわたったか！

12代将軍！
徳川家慶
（とくがわいえよし）

外国好きを罰する！
蛮社の獄
（ばんしゃのごく）

天保の改革
（てんぽうのかいかく）

水野忠邦の「天保の改革」は水と油だけあって失敗。

幕府は異国船打払令を野蛮と批判する渡辺崋山や高野長英らを処罰。

天保の改革の中身

●カブをカットするように、株仲間を解体！
（商人の組合は営業を独占するな！）

●食材をひっくり返すように、人返し令！
（百姓は出かせぎ禁止！）

●食材を油からあげるように、上知令！
（大名・旗本は江戸・大阪周辺の土地をよこせ！）

天保の改革は、中身も天ぷらみたいやな。

Q 時 代 の 日 本 史 年 表

1716 年 享保の改革はいいないろいろ胸おどる！
<small>きょうほう かいかく</small> <small>1716</small> <small>8代吉宗 きゃほーい</small>

1787 年 寛政の改革はいろんなやなことまっ平！
<small>かんせい かいかく</small> <small>1 787</small> <small>松平定信</small>

1825 年 異国船打払令で一発ゴンと追い払え！
<small>い こくせんうちはらいれい</small> <small>1 825</small>

1837 年 大塩平八郎の乱でいやみんな天ぷらにしよう。塩味で！
<small>おおしおへいはちろう らん</small> <small>1 8 3 7 天保のききん</small> <small>大塩平八郎</small>

1839 年 蛮社の獄
<small>ばんしゃ ごく</small>

1841 年 天保の改革は人はよいとはいえず…
<small>てんぽう かいかく</small> <small>1 8 4 1 NO良し 家よしのころ、水と油で最悪の人選</small>

掘り下げ キーワード

貨幣経済 <small>か へいけいざい</small> ⇒ 18世紀後半くらいから、農村でも肥料を買うためにお金が必要になるほど、貨幣が広まっていた。

問屋制家内工業 <small>とん や せい か ないこうぎょう</small> ⇒ 江戸時代中ごろにできた生産方法。問屋商人や地主が百姓に原料や道具などを貸し、生産した商品を買いとる方法。

工場制手工業 <small>こうじょうせいしゅこうぎょう</small> ⇒ 問屋制家内工業が発展したもの。問屋商人や地主が小作人などを作業場に集め、そこで分業・協業によって商品をたくさん生産する方法。マニファクチュアともいう。

百姓一揆 <small>ひゃくしょういっ き</small> ⇒ 貨幣経済が広まり貧富の差が広がると、生活がきびしい百姓たちは、年貢の量の引き下げなどを幕府や藩に求めて集団で反抗した。

打ちこわし <small>う</small> ⇒ 米などの物価が上がり、生活が苦しくなった都市部の人々は、米屋や米を買いしめる商人を集団でおそった。

モリソン号事件 <small>ごう じ けん</small> ⇒ 漂流していた日本人を送り届けるために来航したアメリカのモリソン号を幕府が砲撃した事件。学者の渡辺崋山や高野長英らは批判したが、逆に処罰された（蛮社の獄）。
<small>わたなべ か ざん たか の ちょうえい ばんしゃ ごく</small>

天保のききん <small>てんぽう</small> ⇒ 1833〜37年にかけて冷害・洪水などが原因でおこったききん。うえ死にする人が続出。1732年の享保のききん、1782〜87年の天明のききんとあわせ、江戸の三大ききんの1つ。
<small>てんめい</small>

大塩平八郎の乱 ➡ 元大阪町奉行所の役人の大塩平八郎がおこした反乱。天保のききんで苦しむ人々を救済するためにおこした。

間宮林蔵 ➡ ロシアなどの外国船が来航したことで、幕府は日本の北方を調査することに。間宮林蔵は樺太（サハリン）を探検し、島であることを確認した。

---

memo　授業などで知ったおもしろ裏話をここにメモるんや！

こんな時代だよ

外国の要求を幕府はのらりくらりかわしとったけど、R時代にペリーとハリスに「メリハリつけてハッキリせんか！」といわれ、しかたなく鎖国をやめる。すると、弱気な幕府を倒そうとする動きも出てくるんや。あの龍馬が活躍するで！
R

幕府を終わらせるのは
関ヶ原の戦いのとき敵だった
外様の薩摩と長州なんですね！

敵を「徹底的につぶ
せ！」はやっぱり日本
史鉄則なんやな。

[幕府]　　　　　　　　　　　　　　　　　　　[海外]

1854 年
にちべい わ しんじょうやく
日米和親条約

13 代将軍！
とくがわいえさだ
徳川家定

下田　函館

アメリカ！
ペリー

1858 年
にちべいしゅうこうつうしょうじょうやく
日米修好通商条約

大老！
いい なおすけ
井伊直弼

アメリカ！
ハリス

は よ 中 に 行こう
函 横 長 新 神
館 浜 崎 潟 戸

アメリカ
オランダ
イギリス
フランス
ロシア

あんせい たいごく
安政の大獄 ☠

さくら だ もんがい へん
桜田門外の変

そんのうじょうい うんどう
尊王攘夷運動

 ちょうしゅう
長州

しものせきほうげき じけん
下関砲撃事件

外国攻めるも
返り討ちに

こうぶ がったい
公武合体

 さつま
薩摩

なまむぎ じけん
生麦事件

14 代将軍！
とくがわいえもち
徳川家茂

長州（山口県）

＋

薩摩（鹿児島県）

仲良く。
坂本龍馬
さかもとりょうま

1866 年 さっちょうどうめい
薩長同盟

15 代将軍！
とくがわよしのぶ　さかもとりょうま
徳川慶喜　坂本龍馬

戦わずに負けを認め
権力のイスは天皇に

たいせいほうかん
大政奉還

[幕府側]　　　　　　　　　　　　　　　　　　[天皇側]

黒船来航！ しぶしぶ開国

ペリーが来航すると、13代将軍家定は「これも定め」と開国。
大老の井伊直弼は、ハリスのいいなりで不平等条約を結ぶんや。

[幕府]　　　　　　　　　　　　　　　　　[海外]

13代将軍！
とくがわいえさだ
徳川家定

まず仲良くしましょう！
にちべいわしんじょうやく
日米和親条約

こしも運命ゥヤ。

開国しなさーい！

アメリカ！
ペリー

[開港]
下田　函館

財政難などで弱っていた
幕府は開国。

大老！
いいなおすけ
井伊直弼

外国こわい！

うまいこと商売しよう！
にちべいしゅうこうつうしょうじょうやく
日米修好通商条約

貿易しなさーい！

アメリカ！
ハリス

[開港]
はよ中に行こう
函館
横浜
長崎
新潟
神戸

[閉鎖]
下田

いいなりの井伊直弼は外
国と不平等条約を結ぶ。

あんせいたいごく
安政の大獄

さくらだもんがいへん
桜田門外の変

外国のいいなりに反対する者を、
井伊直弼は安政の大獄で処罰。す
ると、「さすがに問題」と桜田門
外の変で井伊直弼は暗殺される。

「外国人が悪さしても日本で
裁けない」「外国の商品に関
税をかけられない」など、
不平等条約。

ア メリカ
オ ランダ
イ ギリス
フ ランス
ロ シア

青い風呂で覚えて！

**不平等な条約を
5か国と結ぶことに…**

天皇とともに外国を追い払おう！

井伊直弼が暗殺されると、外国にペコペコ路線の幕府を倒す動きと、外国を追い出す動きが合体するんや。

尊王攘夷運動
（そんのうじょういうんどう）

弱い幕府じゃダメだと、天皇を敬い（尊王）、外国を追い払う（攘夷）運動がおこる。

公武合体
（こうぶがったい）

14代将軍！
徳川家茂
（とくがわいえもち）

尊王攘夷運動にヤバイと感じた幕府は、14代将軍家茂がモチのように天皇家とくっついて、パワーアップ。

ダメなんかーい！

長州藩と薩摩藩は外国を攻撃！しかし…

長州
（ちょうしゅう）

外国船を砲撃！
下関砲撃事件
（しものせきほうげきじけん）

薩摩
（さつま）

イギリス人を斬り殺す！
生麦事件
（なまむぎじけん）

外国攻めるも返り討ちに

◉ 長州藩と薩摩藩は仲悪い

関ヶ原の戦いで敵だった外様大名の薩摩藩と長州藩は、外国に負けると攘夷をあきらめ、幕府を倒そうとする「倒幕勢力」に。日本史鉄則「徹底的につぶせ！（P.61）」を家康が守らんかったからやな。でも仲が悪いねん。

長州（山口県）   **薩摩（鹿児島県）**

 対立

高杉晋作（たかすぎしんさく） **木戸孝允**（きどたかよし）　　**西郷隆盛**（さいごうたかもり） **大久保利通**（おおくぼとしみち）

147

R 敵がどんどん仲間になる！

江戸幕府、倒幕勢力やけど仲の悪い薩摩と長州。国内がまとまってないと海外とわたりあえん。そこであの坂本龍馬が登場や。

敵どうしがタッグを組んで戦うなんて、マンガみたいやな。

海外に負けて攘夷をあきらめ、薩摩と長州は倒幕勢力に

STEP 1

倒幕勢力の薩摩と長州を仲間にさせて、幕府より強くする！（薩長同盟）

長州（山口県）

たかすぎしんさく
高杉晋作

き ど たかよし
木戸孝允

仲良く。

土佐藩出身！
さかもとりょう ま
坂本龍馬

＋

薩摩（鹿児島県）

さいごうたかもり
西郷隆盛

おおく ぼ としみち
大久保利通

↓

さっちょうどうめい
薩長同盟

STEP 2

戦うことなく幕府に負けを認めさせ、権力を天皇に返還させる！（大政奉還）

やめとけ。

さかもとりょう ま
坂本龍馬

バイバイ

オレの負け。

15代将軍！
とくがわよしのぶ
徳川慶喜

権力のイスは天皇に

たいせいほうかん
大政奉還 →

坂本龍馬に説得され政権を天皇に返すと、15代将軍慶喜は名前の通り、世を忍ぶように歴史の表舞台から消える。江戸幕府は終焉に向かう。

【 幕府側 】

【 天皇側 】

玉たま歴史こばなし

敵を取り込む！ 坂本龍馬

今まで登場してきた人物は、「いかに敵を倒すか」を考えていたな。やけど、坂本龍馬だけはちがう。「いかに敵と仲良くするか」を考えていたんや。つまり、敵を味方にしてしまうってこと。これが坂本龍馬のスゴさやねん。日本史のなかでも龍馬がスゴい人気なのもわかるわ。

戦争は
せんほうが
いいんじゃ♫

外国と日本の強さくらべ

外国			日本	
	戦争なれ	人		平和ボケ
	ピストル	武器		おもに刀
 ピー	世界をまわる蒸気船	発明		にぎり寿司

外国は蒸気船を発明して海戦にどんどん強くなってるのに、日本はお寿司を発明して海鮮に強くなっているようじゃ、勝てなくてもしょうがないな（お寿司はワサビやし）。

Ｒ時代の日本史年表

1853年 ペリー来航で黒船ペリーに一発降参！

1854年 日米和親条約でいつしか日本はワシのものに！

1858年 日米修好通商条約で外国と商売GO!やと２ショット！

1862年 生麦事件はいやむかつくやろ、さすがに！

1866年 薩長同盟でいやムムッと、ケンカが仲直り！

1867年 大政奉還はやむなし！　将軍は世を忍ぶ…

掘り下げ キーワード

産業革命 ➡ イギリスでは機械の発明・改良によって、綿布を安く大量につくることができるようになった（工場制機械工業）。また、蒸気機関車や蒸気船も登場。大きく産業が発達した。

資本主義社会 ➡ 産業革命がおこると、お金を持つ資本家が工場を経営し、労働者をやとって生産するという経済のしくみが進んだ。

三角貿易 ➡ 清（中国）から茶・絹を輸入していたイギリスは、銀の流出を嫌がり、インドから清へアヘン（麻薬）を輸出させ、インドが銀を受け取ると、インドへ綿布を輸出して銀を回収していた。

アヘン戦争 ➡ 清がアヘンの輸入を禁止すると、イギリスは最新鋭の軍艦で清を攻撃。清は敗れ、イギリスと不平等条約を結ぶ。

関税自主権 ➡ 貿易品にかける関税の率を決める権利。この権利がないと外国の輸入品が安くなり、国産のものが売れなくなる。日本はアメリカ、オランダ、イギリス、フランス、ロシアと関税自主権のない条約を結んだ。

領事裁判権 ➡ 外国人が犯罪を犯しても国内の法律で裁けず、その外国の領事が裁判を行うため、不平等な判決が出る。日本はアメリカ、オランダ、イギリス、フランス、ロシアに領事裁判権を認めた。

memo

授業などで知ったおもしろ裏話を
ここにメモるんや!

明治時代 前期

だいたい 1870 ～ 1880 年

WEB は
こちら

こんな時代だよ

坂本龍馬の活躍で、R時代だけに江戸幕府が権力を<u>リターン</u>した後、龍馬は何者かに暗殺されてまう。それでも薩長中心の<u>新政府</u>が改革を進める。いわゆる明治維新や！　S時代だけに<u>坂本</u>龍馬の<u>死</u>で始まり、<u>西郷</u>隆盛の<u>死</u>で終わるんや。

Rで龍馬が活躍して
Sで西郷が活躍するのね。

てことは、オレが活躍するのは
T時代ってことやな。
（生まれてないけど）

15代将軍！
とくがわよしのぶ
徳川慶喜

天
天皇
おうせいふっこ
王政復古の
だいごうれい
大号令

いわくらともみ
岩倉具視

さいごうたかもり
西郷隆盛
・S

おうみやじけん
近江屋事件

さかもとりょうま
坂本龍馬
・S

新政府の政治方針！
ごかじょう　ごせいもん
五箇条の御誓文

1868年
ぼしんせんそう
戊辰戦争
とば　ふしみ　たたか
⚔ **鳥羽・伏見の戦い**
ごりょうかく　たたか
⚔ **五稜郭の戦い**

> 日本史鉄則 ●
> **徹底的につぶせ！**

めいじいしん
明治維新
なんでも新しく
一新！

海外リサーチ

いわくらしせつだん
岩倉使節団
岩倉・大久保・
木戸・伊藤など

ふこくきょうへい
富国強兵

がく　せい
学制 6歳男女
ちょうへいれい　せい
徴兵令（制） 20歳男子
ちそかいせい
地租改正 地価の3％

さいごうたかもり
西郷隆盛
・S

せい　かんろん
征韓論

1877年

せい　なんせんそう
西南戦争

征韓やめろ

さいごう
西郷死亡

> 日本史鉄則 ● **仲間でも結局もめる！**

⑤ 天皇中心に！ 王政復古の大号令

新政府は天皇中心の政治を宣言し、そこに入ろうとした15代将軍慶喜をはじき出して、政治にかかわらせんようにするんや。

15代将軍！
とくがわよしのぶ
徳川慶喜

天皇の政治にもどると宣言！
おうせいふっこ だいごうれい
王政復古の大号令

新政府は慶喜を政治からしめ出し、土地などを返上するよう命令を出す（江戸幕府滅亡）。

新政府の政治方針！
ごかじょう ごせいもん
五箇条の御誓文

天皇が神に誓う形で、基本方針を発表。

公家出身！
いわくらともみ
岩倉具視

薩摩藩出身！
さいごうたかもり
西郷隆盛

新政府は、岩倉のほか、薩摩や長州出身の西郷、大久保、木戸が中心。

旧幕府の反抗をつぶす：戊辰戦争
ぼしんせんそう

権力だけじゃなく土地やお金まで奪おうとする新政府に、旧幕府は戦争をしかける。でも逆に徹底的につぶされるねん。

戊辰戦争
ぼしんせんそう

新政府は、反抗する旧幕府軍を徹底的にたたき、北海道まで追って、戊辰だけに滅ぼした。

負けた！

ごりょうかく
五稜郭
たたか
の戦い

最後は星型の五稜郭で負けて、旧幕府軍は星になるんや。

なにくそ！

とば ふしみ
鳥羽・伏見
たたか
の戦い

日本史鉄則 ●（→P.61）

徹底的につぶせ！

明治維新でなんでも一新!

旧幕府軍を倒した新政府は、社会のしくみをなんでも新しく変えたんや。元号も明治となって、明治政府の誕生や。

明治維新　　近代化をめざし、なんでも新しく一新!

[場 所]	江戸	→ 都(首都)の名前を一新! →	東京
[人と土地]	幕府	版籍奉還 人と土地は国(天皇)のものに!	国 (天皇)
[地 方]	藩	廃藩置県 藩をなくして全国に県や府を置く!	県
[身 分]	古い身分 制度	四民平等・解放令 四民平等と解放令で身分制度を廃止。	皇族・華族・ 士族・平民

玉先生的 歴史考察　坂本龍馬暗殺の犯人は?

R時代に活躍した坂本龍馬やけど、S時代では暗殺(Satsu)されてしまう。この事件を「近江屋事件」いうねん。犯人はわかってへんけど、龍馬が「おみゃあ」って、お前呼ばわりするくらいやから、きっとエラくないやつや。

S 海外に対抗するため富国強兵！
ふ こく きょう へい

新しい日本が世界に追いつくため、国内は西郷隆盛にまかせ、
岩倉具視たちは海外を見てまわる。スローガンは富国強兵や。

行ってきまーす！

岩倉使節団は海外リサーチ

留守は
まかせるでゴワス！

国を豊かにして！　兵を強く！
富国強兵のための改革

教育する！
● 学制
がくせい

軍隊をつくる！
● 徴兵令
ちょうへいれい

お金を集める！
● 地租改正
ち そ かいせい

さいごうたかもり
西郷隆盛

西郷は改革をすす
め、近代化のため
の教育を広め、軍
隊をつくり、お金
も集めた。

いわくら し せつだん
岩倉使節団
岩倉使節団のメンバー
は、木戸孝允、大久保
利通、伊藤博文など

使節団 帰ってきたら 鉄則発動

海外で学んできた岩倉使節団は、留守番していた西郷の征韓論
せいかんろん
に大反対。ここでも日本史鉄則「仲間でも結局もめる！」や。

日本史鉄則 ● （→P.77）**仲間でも結局もめる！**

うっ

うっせーなっ！

征韓してる場合でない！
（静観せずに止めないと）

**西郷は死亡。
岩倉たちの
政府が勝利**

さいごうたかもり
西郷隆盛

せいなんせんそう
西南戦争

征韓論などの意見のちがいで政府は真っ二つ
に。西郷は政府をぬけて士族とともに戦う。

S≒5だけに5やSが多い!

このS時代、天皇がやったことは全部5がつくんや。

[幕府に対し] **五稜郭**で倒す

[神様に対し] **五箇条の御誓文**（政府の方針）を誓う

[国民に対し] **五榜の掲示**（いろんな禁止令）を出す

このS時代、西郷隆盛がやったことは西郷だけに全部Seiがつくんや。

Sei 5

学制 6歳以上の男女はみんな小学校へ！

徴兵令 20歳以上の男は兵隊に！（徴兵**制**）

地租改正 地券を発行。地価3％の税を現金で納めよ！（きびしいので後で2.5%に）

征韓論 朝鮮を武力で開国させて、国交を結ぼうとする考え

西南戦争 政府をぬけた西郷中心の士族と岩倉たち政府との戦争

西郷がやったSは、Seiが5つでSei 5（セイゴー）や！

生まれる戦争

Ｓ時代の日本史年表

1867年 王政復古の大号令で将軍はずしやむなし！

1868年 戊辰戦争で不死身の幕府がうやむやで星に！（〜1869年）

1871年 廃藩置県

1872年 学制

1873年 徴兵令・地租改正

1877年 西南戦争は征韓否定でって、そんなバナナ！

掘り下げ キーワード

藩閥政治 ➡ 明治政府は、薩摩藩・長州藩・土佐藩・肥前藩の出身者が中心となって政治を行った。その一方で多くの武士が特権を奪われ、生活が苦しくなり不満をもっていた。

府知事・県令 ➡ 廃藩置県によって府や県がおかれると、政府は府知事や県令を派遣して、地方の政治を行わせた。これによって中央政府が全国をおさめる中央集権国家の基礎が確立した。

四民平等 ➡ 天皇の一族を皇族、公家や大名を華族、武士を士族、百姓や町人を平民とし、皇族以外平等とした。

徴兵令反対一揆 ➡ 士族は武士の特権を、農民は労働力を奪われるため、徴兵令に反対する一揆がおこった。

地券 ➡ 政府は全国の土地を調査し地価を決め、地価がわかる地券を土地の所有者に発行した。

地租改正反対一揆 ➡ 江戸幕府の年貢米と負担は変わらずきびしかったため、各地で一揆がおこった。そのため政府は、税を地価の2.5％に引き下げた。

富国強兵 ➡ 強い外国に対抗するため、経済を発展させて国力をつけ、強力な軍隊を整備することをめざしたスローガン。

殖産興業 ➡ 政府が「富国」をめざして、近代産業を増やし育てること。

官営模範工場 ➡ 政府が手本として各地につくった工場。群馬県につくられた富岡製糸場が代表。

鉄道・郵便 ➡ 交通・通信でも近代化がおこり、1872年に新橋・横浜間に鉄道が開通。1871年には郵便制度がつくられた。

屯田兵 ➡ ふだんは農業を行う兵士。政府は北海道を開発するため、失業した武士や農民を屯田兵として移住させた。

沖縄県 ➡ 薩摩藩に支配されながら清（中国）に従っていた琉球には、いったん琉球藩をおいて、その後、沖縄県とした（琉球処分）。

日清修好条規 ➡ 日本と清が国交を開いて結んだ、平等な条約。

征韓論 ➡ 鎖国を続ける朝鮮を武力で開国させようとする考え。西郷隆盛と板垣退助らが唱えた。

江華島事件 ➡ 日本が朝鮮沿岸に軍艦を送り、無断で調査したため、砲撃戦がおこった。朝鮮を開国させるための挑発行為。

日朝修好条規 ➡ 日本が軍事力で朝鮮と結んだ不平等条約。日本の領事裁判権を認め、朝鮮に関税自主権がない。

樺太・千島交換条約 ➡ 国境をはっきりさせるため、日本とロシアが結んだ条約。樺太（サハリン）をロシア領、千島列島を日本領とした。

文明開化 ➡ 明治時代になると西洋の文化が急速に入ってきて、マゲを切り落とす断髪・洋食・洋服など、生活に変化がおこった。

太陽暦 ➡ こよみも現在と同じ、1日は24時間・1週間は7日という太陽暦が採用された。

福沢諭吉 ➡ 『学問のすゝめ』の著者。人は生まれながらに平等であることや、学問の重要性を説いた。

中江兆民 ➡ フランスの哲学者・ルソーの『社会契約論』を翻訳して、人権の重要性を説いた。

T 時代

明治時代（めいじじだい） 中期

だいたい 1880 ～ 1890 年

WEB は
こちら

こんな時代だよ

S時代は西郷隆盛の死で終わるけど、T
時代は板垣退助の討論で始まるねん。西
郷と同じく征韓論者だった板垣は、明治
政府を飛び出して、言葉で政府と戦い始
めるんや。そして、Tだけに天皇中心の
二院制の帝国議会が誕生するねん。

（S：西郷隆盛、死）（T：退助、討論、天皇、帝国）（Two：二院制）

これからは選挙の時代。
国会議員になるやつは
人気（任期）があるんや。

つまんないこというアンタは
人気なさそうね。

Ｔ　時代の流れ

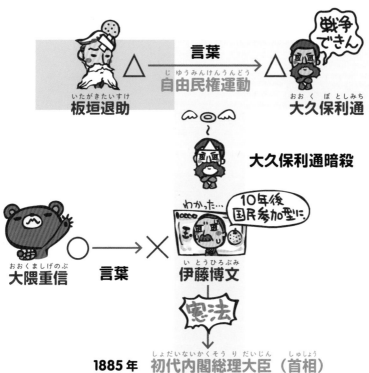

言葉

板垣退助（いたがきたいすけ）

自由民権運動（じゆうみんけんうんどう）

戦争できん

大久保利通（おおくぼとしみち）

大久保利通暗殺

わかった…

10年後 国民参加型に

大隈重信（おおくましげのぶ）

言葉

伊藤博文（いとうひろぶみ）

憲法

1885年　初代内閣総理大臣（首相）（しょだいないかくそうりだいじん　しゅしょう）

天

何でもワシや

天皇

1889年　大日本帝国憲法（だいにほんていこくけんぽう）

内閣・軍隊・条約・戦争・議会など

| 帝国議会（ていこくぎかい） | 衆議院（しゅうぎいん）（解散あり） |
| | 貴族院（きぞくいん） |

言葉で戦う！ 自由民権運動

西郷が武力で明治政府と戦ったのと対照的に、板垣退助は言葉で政府と戦うねん。政府に国会を開けと要求するんや。

負け ✕ **武力で戦う！** 勝ち ○

せいなんせんそう
西南戦争
武力だと戦争になり相手を倒せる。

さいごうたかもり
西郷隆盛

いわくらともみ
岩倉具視ら

ヒゲ対決やな。

戦争できん

引き分け △ **言葉で戦う！** 引き分け △

じゆうみんけんうんどう
自由民権運動
言葉だと戦争にならず相手を倒せない。

土佐出身！
いたがきたいすけ
板垣退助

板垣退助は、国会を開いて国民を政治に参加させろと、政府に言葉で攻撃（自由民権運動）。

薩摩出身！
おおくぼとしみち
大久保利通

西南戦争の後、政府の中心にいたのは大久保利通。

大久保利通暗殺

言葉で戦うと、日本史鉄則「徹底的につぶせ！」ができにくいんや。そこで、こっそり倒す（暗殺）ことになるねん。大久保を倒したんは不満をもつ士族や。

ドイツで憲法を学ぶ伊藤博文

自由民権派（民権派）を倒すため、<u>拳法</u>を学びに旅に出た伊藤博文は、まちがえてドイツで<u>憲法</u>を学んできたみたいや。

佐賀出身！
おおくましげのぶ
大隈重信

民権派の大隈重信は、早く国会を開けと主張。

言葉で！

わかった… 10年後 国民参加型に

長州出身！
い とうひろぶみ
伊藤博文

大久保利通の暗殺後、政府の中心は伊藤博文に。自由民権運動の高まりを受け、国会を開くことを約束。

相手にクマーいるし。

刀や銃で倒せなくなったので、拳法で倒そうとドイツへ修行へいく（?）も、まちがえて憲法を学んでしまう。

ドイツで拳法（憲法）修行

何で拳法じゃなく憲法学んでんですか！！

I'm sorry.（総理）

本当に拳法を学んで帰ってきたら、暗殺者伊藤博文になっとったはずや。

しょだいないかくそう り だいじん しゅしょう
帰ってきて、初代内閣総理大臣（首相）に

ドイツで憲法を学んできた伊藤は、政治のしくみを近代的にするため内閣制度をつくり、自ら初代内閣総理大臣になる。

天皇中心の大日本帝国憲法

伊藤博文がつくった憲法は、天皇が国民にあたえるというかたちで発布されたんや。なんでも天皇に決める権利があるねん。

天皇の権利

●大臣を決める
●軍隊を指揮する
●条約を結ぶ
●戦争をする
●議会を解散する

憲法完成！

伊藤博文
（い とうひろぶみ）

すべての権利は天皇にあり！
大日本帝国憲法
（だい に ほんていこくけんぽう）

君主の力が強いドイツの憲法を参考にしたので、大日本帝国憲法も、天皇に大きな権力がある。

ついに国会開設：帝国議会
（ていこくぎかい）

帝国議会っていう国会ができると、衆議院議員を選ぶ選挙もスタートや。でも、選挙権はまだ金持ちしかないねん。

帝国議会
（ていこくぎかい）

国民代表といっても、金持ちだけ。条件は、25歳以上の男子で、税金を15円以上おさめる者。

二院制
（にいんせい）

国民代表の**衆議院**（解散あり）
（しゅうぎいん）

エラい人の**貴族院**
（きぞくいん）

帝国議会は2つの議院でできている。衆議院だけ解散があるのは、国民の代表をおさえるため（？）。

自由民権運動の流れ

　明治になって西洋式の<u>銃</u>が入ってくると、海外の<u>自由</u>という考えも入ってきた。すると、国民が自由を求めて動き出すんや。

【 国 民 】　　　　　　　　　　　　　　　　【 政 府 】

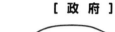

みんせん ぎ いんせつりつ　　けんぱくしょ
民撰議院設立の建白書

「国民が選ぶ人を政治に混ぜろ」という要求。

こっかい き せいどうめい
国会期成同盟

すごい数の人々が国会を要求。

地方議会はスタート。
国はおいおいに。

こっかいかいせつ　ちょくゆ
国会開設の勅諭

10 年後の国会開設を約束。

じ ゆうとう　　りっけんかいしんとう
自由党　立憲改進党
（板垣）　　（大隈）

政党をつくって、国会の準備。

国民がどんどん、政治へ参加していく。

165

Ｔ 時 代 の 日 本 史 年 表

1874 年 自由民権運動で武力から話合いに！ ¹⁸⁷⁴

1885 年 内閣制度の初代総理はやっぱこいつ！　伊藤博文 ¹⁸⁸⁵

1889 年 大日本帝国憲法で早く外国に追いつけ！ ¹⁸⁸⁹

1890 年 第 1 回帝国議会

教育勅語

掘り下げ キーワード

自由民権運動 ➡ 藩閥政治に反対し、憲法をつくって国会を開き、国民を政治
へ参加させよと主張した運動。

立志社 ➡ 板垣退助が出身地の土佐（高知県）でつくった自由民権運動をすすめ
る政治グループ。ほかにも、板垣は大阪府で愛国社（後の国会期成同
盟）もつくった。

内閣制度 ➡ 内閣総理大臣の下に、外務省・内務省・司法省・大蔵省・陸軍省・
海軍省・文部省・農商務省・逓信省をおいた。各大臣は議員から
選ぶ必要はなく、ほとんど薩摩藩、長州藩出身者。

立憲国家 ➡ 憲法と国会をそなえた近代的な国のこと。日本は大日本帝国憲法
と帝国議会をもち、アジアで最初の立憲国家となった。ちなみに
憲法にもとづいて政治を行うことを立憲主義という。

教育勅語 ➡ 天皇が国民に語りかける形式で書かれた学校教育と国民の道徳の
基本方針。

memo

授業などで知ったおもしろ裏話を
ここにメモるんや！

明治時代 後期

U 時代

だいたい 1890 〜 1900 年

WEB は
こちら

こんな時代だよ

T 時代に天皇と帝国議会でまとまった日本は、U の形のように、海外と国内の両方の政治を同時にすすめていく！　でも初めての経験やから最初はうーんと大変やったけど、そんななか「とっても U」な男が、U 時代を建て直すねん。

「とっても U」な男って、右ページのアルファベットを見た感じ、伊藤博文のこと？　どこが「とっても U」なのよ？

古文で「とても」の意味は「いと」。やから、「とっても U」は、「いと U」。「伊藤」や！

[海 外]

いのうえかおる
井上馨

か **外** 国人の裁判官
こくじん さいばんかん

お **欧** 化政策
おう か せいさく

る **ノ ル** マントン号事件
ごう じ けん

むつむねみつ
陸奥宗光

りょう じ さいばんけん てっぱい
領事裁判権の撤廃

こう ご のうみんせんそう
甲午農民戦争

1894 年 ➡

にっしんせんそう
日清戦争

しものせきじょうやく
下関条約

・朝鮮独立
・遼東半島、台湾
・賠償金

さんごくかんしょう
三国干渉

ロシア
ドイツ
フランス

とっても Ｕ

[国 内]

**伊藤の後は
失敗続き**

苦労だ（黒田）

ヤバかった（山縣）

マズかった…（松方）

再登場

い とうひろぶみ
伊藤博文

天皇を味方に
（軍事力アップ）

いいんじゃないの？

民権派と協力
（政治力アップ）

自由党

国内をまとめる

169

海外も国内も初めは大変

海外は、強い外国相手で大変。国内は、民権派と対立して大変。
なかなかうまくいかんのや。

[海外]　　　　　　　　　　　　　　　　　　　　　　　[国 内]

不平等条約を
なくすぞ！

めちゃめちゃ
なめられてますね。

国内を
まとめろ！

伊藤内閣のときの外務大臣！
（いのうえかおる）
井上馨

初代総理大臣！
（いとうひろぶみ）
伊藤博文

こんなにがんばったのに…

伊藤の後の首相は…

か 領事裁判権をなくすために！
（がいこくじん　さいばんかん）
外国人の裁判官
外国人を裁判官にするとコビる。

苦やだ
（黒田）

（くろだきよたか）
黒田清隆

お 少しでも海外に近づくために！
（おうか せいさく）
欧化政策
（ろくめいかん）
鹿鳴館という洋風建物でコビる。

こんなU時代を
救うため、伊藤が
（いとう）
立ち上がるねん！

ヤバかった
（山縣）

（やまがたありとも）
山縣有朋

る 日本人が多く死んだ！
ノルマントン号事件
（ごうじけん）
イギリス船沈没。日本人は助け
てもらえず全員死亡。

マズかった…
（松方）

（まつかたまさよし）
松方正義

外国に
いうこときいて
もらえず…

名前の通り
うまくいかず…

伊藤博文、再び総理大臣に

松方内閣の後は、第2次伊藤内閣がスタートするで。外務大臣の陸奥宗光といっしょに大活躍するんや。

天皇や対立してた民権派を仲間にするなんて剛腕ね。

まかせろ！

へへ……

外交の天才！
陸奥宗光
（むつむねみつ）

なんとかしよう！

5代総理大臣！
伊藤博文
（いとうひろぶみ）

領事裁判権の撤廃
（りょうじさいばんけんてっぱい）

イギリスと仲良くなり、領事裁判権を撤廃。

いいんじゃないの？

天皇を味方につけて軍事力アップ。

農民がおこした内乱！
甲午農民戦争
（こうごのうみんせんそう）

朝鮮半島でおこった外国人を追っぱらう反乱。これをきっかけに日本は朝鮮に接近。中国をおさめていた清と朝鮮を取り合うことに（日清戦争）。

自由党

民権派の板垣退助と協力して政治力アップ。

何勝手にしてるアル

日清戦争
（にっしんせんそう）

伊藤ってマンガみたいな救世主キャラやな。

日本、清に勝利！

国内をまとめる

清に勝利！
下関条約で大金ゲット

朝鮮半島を舞台にした日本と清の日清戦争に勝利すると、下関条約を結ぶ。日本は賠償金をもらってウハウハや。

下関条約

- 清は朝鮮から手を引く（朝鮮独立）！
- 清は遼東半島・台湾などを日本にゆずる！
- 清は賠償金2億両を日本に支払う！

チクショー

遼東半島

台湾

日本ウハウハ

どきどき

ロシアからクレーム！ 三国干渉

日本にロシアがクレームをつける。ロシアはフランス（仏）とドイツ（独）をさそって、遼東半島を清へ返せといってくるんや。

三国干渉

それは日本ヒドすぎ
もうちょいあきらめろ!!

仏 独 ロ

遼東半島は清へ戻される

くそ、ロシアめ！

ロシアは南下して清の領地をねらってたから、日本がじゃまだった。

◉ 結局、清はツギハギだらけに…

「眠れる獅子」とも呼ばれとった清は、日清戦争で負けたことで、弱体化してることがバレてしもた。やから強い欧米がつぎつぎやってくるねん。そして、三国干渉の見返りや、なんやかんやいうて、清の重要地を強引に奪うんや。

U こまったときの伊藤博文

テストの選択問題でこまったら、とりあえず「ウ」を選ぶやろ？それと同じで政府もこまったら首相を「いとU」にしたで。

歴代の内閣総理大臣（10代まで）

❶	2	3	4	❺	6	❼	8	9	❿
伊藤博文	黒田清隆	山縣有朋	松方正義	伊藤博文	松方正義	伊藤博文	大隈重信	山縣有朋	伊藤博文

Ｕ時代の日本史年表

1886年 ノルマントン号事件はやっぱムリと日本人見殺しに！

1892年 第二次伊藤内閣は日本の役に立つ！

1894年 領事裁判権の撤廃

1894年 日清戦争

1895年 下関条約　三国干渉

掘り下げ キーワード

帝国主義 ➡ イギリスに続き、ドイツやアメリカ、フランス、ロシアも猛スピードで発展し、経済力をつけていった。これらの国は資源や市場を求め、アフリカやアジアに進出。植民地を広げていった。

ノルマントン号事件 ➡ 和歌山県沖でおきたイギリス船ノルマントン号の沈没事故。イギリス人は全員ボートで助かったが、日本人は助けられず全員死亡。裁判したイギリス領事裁判所は船長を無罪にしたため、日本の不満が高まった。

領事裁判権の撤廃 ➡ 陸奥宗光によりイギリスとの間で領事裁判権が撤廃されると、アメリカ、オランダ、フランス、ロシアも撤廃を認めた。

甲午農民戦争 ➡ 開国で混乱していた朝鮮でおこった農民の反乱。国内にいる日本や欧米の勢力を追いはらおうとした。朝鮮政府がおさえるため清に援軍を求めると、日本も対抗して朝鮮に出兵した。

立憲政友会 ➡ 政党の意見はもう無視できないと感じた伊藤博文が、1900年に自ら結成した政党。

memo

授業などで知ったおもしろ裏話を
ここに**メモ**るんや！

V 時代

明治時代 末期

だいたい 1900 ～ 1910 年

WEB は
こちら

こんな時代だよ

V 時代は、ってことでピースサイン！ いろんな「2」が出てくるんや。そもそも 20 世紀がスタートするしな。そして、V の字のごとく、だんだん外国とくっついていくねん。勝利の V サインでもあるから、戦争にも勝利するんや。

拳法（憲法）を学んだから、つぎはカンフー（韓国統監府）にも興味出たんやな。伊藤は。

韓国統監府の初代統監は伊藤博文ってことね。

176

Ⅴ 時代の流れ

[海 外]

義和団事件
（ぎ わ だん じ けん）

1904 年

日露戦争
（にち ろ せんそう）

ポーツマス条約
（じょうやく）

- 韓国での優越権
- 遼東半島南部
（リアオトンはんとう）
- 南満洲鉄道
- 樺太の南半分
（からふと）

安重根
（あんじゅうこん）

1910 年

韓国併合
（かんこくへいごう）

朝鮮総督府
（ちょうせんそうとくふ）
寺内正毅
（てらうちまさたけ）

[国 内]

桂園時代
（けいえん じ だい）

西園寺公望
（さいおん じ きんもち）
桂太郎
（かつら た ろう）

日英同盟
（にちえいどうめい）

日比谷焼き打ち事件
（ひ び や や う じ けん）

韓国統監府
（かんこくとうかん ふ）

伊藤博文暗殺
（い とうひろぶみ）

外国は出て行け！ 義和団事件(ぎわだんじけん)

外国によってツギハギにされた清では、「外国を追い出せ！」と反乱がおこる。これがきっかけで戦争が始まるねん。

[海 外]

外国は清から出てけ！
義和団事件(ぎわだんじけん)

義和団というグループが、清といっしょになっておこした反乱。おさえるために日本を含む外国が清に出兵する。

日本が恨みをもつロシアは、義和団事件後も清に居すわり、朝鮮をねらったから、日本との対立が大きくなるんや。

第2ラウンド、日露戦争(にちろせんそう)！

案の定、日本とロシアは清や朝鮮の取り合いでもめて開戦。日清戦争に続いて、✌だけに海外との戦争第2ラウンドや。

日本は苦戦し、戦争が長引くが…

11代総理大臣！
桂太郎(かつらたろう)

結果は「V時代」だけに日本のV（ヴィクトリー）！

Ⅴ 日本は2人の首相の時代へ

20世紀が始まるⅤ時代は、だけに2人の首相が交互につとめる桂園時代へ突入や。桂と西園寺のことやねん。

> 桂は「カツラやない、ワシはハゲじゃ！」とキッパリした性格や。西園寺は、けっこう自由な性格やねん。

桂園時代へ
けいえん じ だい

桂太郎
かつら た ろう

西園寺公望
さいおんじ きんもち

まずは桂が11代総理大臣に。

日本パワーアップ！ 日英同盟
にちえいどうめい

桂太郎はイギリスとだけに2国間で日英同盟を結ぶねん。
これで日本はロシアとの戦いに集中できるんや。

日英同盟
にちえいどうめい

日清戦争で負けた清に、ロシアやフランス（仏）が接近。それを阻止するために日本がイギリス（英）と2国ではさむ。

オセロのようにはさめ!!

日本は自信をもって日露戦争に挑み勝利！

けっこう残念なポーツマス条約

日露戦争は「日本の勝利!」というより、ロシアの棄権て感じや。
だから賠償金がもらえず、国内はブーイングの嵐やねん。

ポーツマス条約

- ●韓国での優越権を日本に!
- ●遼東半島の南部の租借権を日本に!
- ●中国（南満洲）の鉄道の権利を日本に!
- ●樺太（サハリン）の南半分を日本の領土に!

条約時の外務大臣!
小村寿太郎

外交の天才・陸奥宗
光の後輩。日本が望
む賠償金がとれず。

勝ったのに、期待していた賠償金はなし…

というのも…

日清戦争＝日本の勝利

日露戦争＝ロシアの棄権

　日清戦争とちがい、日露戦争はロシア国内で革命（ロシア革命）がおこっ
たことで、ロシアが戦争を続けるのをやめたため、日本が勝ったことに。
ロシアは領土を侵略されていないし、戦う力もまだあり、完全に負けた
わけじゃないので日本は賠償金がとれなかった。

桂園時代だから総理交代

賠償金もらえんかったから、日本では暴動がおこるねん。そこで「ちゃんとしなさいよん」と西園寺内閣に交代や。

ヽキッパリ／

総理交代

総理大臣は西園寺に。桂園時代だから、この後も細かく交代をくり返す。

ヽいいじゃない♪

日比谷焼き打ち事件
（ひびややうちじけん）

戦争に必要なお金のため、高い税金にたえていた国民は、賠償金がもらえないことに怒り、暴動をおこす。

12代総理大臣！
さいおんじきんもち
西園寺公望

韓国を併合して植民地化

ポーツマス条約で、「韓国を好きにしてええで」いう優越権を得た日本は、韓国の政治も始めるねん。

韓国の独立運動家！
あんじゅうこん
安重根

韓国統監府
（かんこくとうかんふ）

初代統監！
いとうひろぶみ
伊藤博文

伊藤博文が統監になり、韓国皇帝をやめさせたり、軍隊を解散させたりしたが、安重根に暗殺される。

かんこくへいごう
韓国併合

Vの字のごとく、じわじわ近づく

また
さけ

イタダっ

それは、
またさけや！

ちょうせんそうとくふ
朝鮮総督府

初代総督！
てらうちまさたけ
寺内正毅

軍人の寺内正毅が総督になり、武力で植民地化をすすめていった。韓国は国名を朝鮮と改められた。

Ⅴ 時 代 の 日 本 史 年 表

1900年 義和団事件（ぎわだんじけん）で海外に食われ、中国瀬戸際だ！

1902年 日英同盟（にちえいどうめい）で行くわ２国ではさみうち！

1904年 日露戦争（にちろせんそう）で韓国や中国くれよ！

1905年 ポーツマス条約（じょうやく）

1905年 韓国統監府（かんこくとうかんふ）

1910年 韓国併合（かんこくへいごう）で日本の子分って、そりゃないわ！

掘り下げ キーワード

租借権（そしゃくけん） ➡ 条約などで他国の領土を借りる権利。日清戦争で清が敗れると、イギリス・ロシア・フランス・ドイツ・日本などは、清の領土を借りて鉱山を開いたり、鉄道をしいたりして利益を上げた。

南満州鉄道（みなみまんしゅうてつどう） ➡ 日本はポーツマス条約で南満州の鉄道の権利を手に入れると、南満州鉄道株式会社（満鉄）をつくり大きな利益を得た。

桂園時代（けいえんじだい） ➡ 桂太郎と西園寺公望が交互に総理大臣になった時代。桂は 11、13、15 代、西園寺は 12 代、14 代の総理大臣。たがいに政権を受け渡ししながら、国内の意見を調整した。

義兵闘争（ぎへいとうそう） ➡ 韓国統監府（かんこくとうかんふ）によって解散させられた韓国軍の兵士は、農民とともに各地で日本の支配に抵抗した。

韓国併合（かんこくへいごう） ➡ 韓国統監の伊藤博文が暗殺されたことをきっかけに、日本が韓国を支配下において、植民地にしたこと。これを機に韓国統監府を閉じ、朝鮮総督府を設置した。

memo

授業などで知ったおもしろ裏話を
ここにメモるんや！

大正時代
だいたい 1910 ～ 1920 年

WEB は
こちら

こんな時代だよ

W 時代は War（戦争）の話が多いねん。しかも World（世界）規模のな。第一次世界大戦がおこるんや。英語で略すると WW1！　日本も参加しとる。この戦争が終わると、W だけに世界は<u>和</u>になってまとまろうとするんや。
W a

ちなみに世界が和（Wa）になると、日本も昭<u>和</u>（Wa）になるのよね。

おばちゃんもそのころ、生まれたんかな。

＊3日後、白川の下流でボコボコの玉先生が発見された

W　時代の流れ

| [ヨーロッパ] | [中 国] | [日 本] |

辛亥革命
しんがいかくめい

関税自主権の回復
かんぜい じ しゅけん　かいふく

三国同盟
さんごくどうめい

独・オ・伊

三国協商
さんごくきょうしょう

英・仏・ロ

袁世凱　**孫文**
えんせいがい　そんぶん

小村寿太郎
こ むらじゅ た ろう

中華民国誕生
ちゅう か みんこく

サラエボ事件
じけん

1914 年

第一次世界大戦
だいいち じ せ かいたいせん

袁世凱独裁
えんせいがい

二十一か条の要求
に じゅういっ　じょう　ようきゅう

1919 年

ベルサイユ条約
じょうやく

大隈重信
おおくましげのぶ

ウィルソン

国際連盟
こくさいれんめい

袁世凱死亡
えんせいがい

ワシントン
体制
たいせい

2つのグループが対立!

科学技術がすすみ行動範囲が広がると、世界の国々はグループをつくる。そしてグループ間で争い始めるんや。

[ヨーロッパ]

三国同盟
さんごくどうめい

・ドイツ（独）
・オーストリア（オ）
・イタリア（伊）
のグループ。

三国協商
さんごくきょうしょう

・イギリス（英）
・フランス（仏）
・ロシア（ロ）
のグループ。

三国同盟 国がくっついてるから ガッチリ同盟しよ♪

日本は1902年 日英同盟で こっちの仲間

×バルカン半島

三国協商 国が離れてるから 商売は協力しよ♪ ※ = 協商

国内割れる オスマン帝国

同盟側と協商側は激しく対立

↓

オスマン帝国はどちらにつくかで国内割れる

ワシらについてるから戦え!!

同盟側

VS

国内多数派!
オスマン帝国民

いじめられてる
スラブ民

独立に協力してあげる。

協商側

全ヨーロッパをまきこむ戦争が今にもおきそうで、オスマン帝国そばのバルカン半島は、「ヨーロッパの火薬庫」と呼ばれていたんや。

ついに第一次世界大戦勃発

ピリピリしとるなか、オーストリア皇太子夫妻（同盟側）が
スラブ系セルビア人（協商側）に殺されると戦争開始や。

WW1のきっかけ！

サラエボ事件

バルカン半島のサラエボでオーストリア皇太子夫妻が暗殺。

⬇

第一次世界大戦

いろいろな国がどんどん加わっ
て大混乱。ヨーロッパ中をまき
こんだ戦争は4年間も続く。

アメリカが 協商側 に加わり、同盟側 が敗北。スラブ民は独立へ

Warはやめて、友達の和へ

同盟側のドイツが最後に降伏してWW1が終わると、もう戦
いがおきないように世界は1つにまとまろうとするねん。

パリ講和会議で結ばれた！

ベルサイユ条約

戦争をひどくしたとして、ドイツはお金や土地をたくさん
奪われ、こらしめられる。

世界初の国際平和機構！

国際連盟

ウィルソンの提案で国際連
盟がつくられる。

アメリカ大統領！
ウィルソン
W

ワシントン体制へ
W

ワシントン会議で、戦争を減らす
約束事がいろいろ決められる。

ボロボロの中国では革命が!

日清戦争に負けて、外国に好き放題されとるツギハギだらけの清で、清をやっつけて新しい国をつくる革命がおこるねん。

ラストエンペラー!
溥儀
ふぎ

[中 国]

辛亥革命
しんがいかくめい

三民主義をとなえた孫文が中心となり、清を倒す運動をおこす。
さんみんしゅぎ

袁世凱は、孫文と手を組み、皇帝溥儀をふっとばし、清を滅ぼす。

たよりない!!

軍隊のトップ! 中国革命の父!
袁世凱　　**孫文**
えんせいがい　そんぶん

清が滅び、中華民国誕生!　トップは臨時大総統の孫文
ちゅうかみんこく

ところが…

これならまだ
清がいい!!
〜辛亥革命だけに

袁世凱は孫文からトップを奪い、民の国なのに独裁政治を行う。

キュー

袁世凱、中華民国をめちゃめちゃにし、しばらくして死亡

ヨーロッパだけやなしに、中国もガタガタや。

えーかげんに
せんかい!!
〜袁世凱だけに

日本がどんどん強くなる

日露戦争に勝ったり韓国併合したりして日本が力をつけると、
残っとった不平等条約の「関税自主権」も完全に回復するんや。

小村寿太郎は
やっぱり優秀で、
関税自主権の回
復に成功。

めでたいね！

今度は成功！
小村寿太郎
（こむらじゅたろう）

［ 日 本 ］

不平等条約をなくす！
関税自主権の回復
（かんぜいじしゅけん　かいふく）

日本もWW1に参戦！中国へ進出

ヨーロッパは世界大戦でゴタゴタ。中国は辛亥革命でゴタゴタ。
日本はこのすきに、中国へ無茶な要求をつきつけるんや。

17代総理大臣（2回目）！
大隈重信
（おおくましげのぶ）

二十一か条の要求
（にじゅういっ　じょう　ようきゅう）

日本は中国の袁世凱に、「ドイツに
借している土地（租借地）を日本の
ものにしろ！」など「二十一か条の
要求」をする。

ドイツの租借地は、ベルサイユ条約で正式に日本のものに

日本のワガママ

しょぼぼん

ワシの要求って
日本の歴史上で
ヒドイと言われる
んじゃが…

そらそやな・
だって多すぎや。
多くて困らせた…

大隈だけにな！

だって
21過剰
なんやろ？

さすがに
多すぎやって…

その過剰
じゃない
クマ…

その過剰じゃない
クマ…

Ｗ時代の日本史年表

1882年 三国同盟

1907年 三国協商

1911年 関税自主権の回復

辛亥革命はええかげんにせえと、悔いいっぱい！

1912年 中華民国が誕生

1914年 第一次世界大戦は犬も食わんよ！

1915年 二十一か条の要求

1919年 ベルサイユ条約でパリのベルサイユへは行く？ 行く！

1920年 国際連盟

掘り下げ キーワード

三民主義 ➡ 孫文が唱えた思想。民族主義（漢民族の独立をはかる）・民権主義（民主政治を行う）・民生主義（人々の生活の安定をはかる）という３つからなる。

軍閥 ➡ 軍隊をもつ地方の勢力。袁世凱や張作霖が代表的。

日本の産業革命 ➡ 1880年代に日本でも産業革命が始まり、せんい工業などの軽工業が発展した。

八幡製鉄所 ➡ 日清戦争の賠償金を使ってつくられた北九州の官営の製鉄所。鉄鋼などの重工業も発展。

足尾銅山鉱毒事件 ➡ 足尾銅山の鉱毒が渡良瀬川に流れこんだことでおきた公害。衆議院議員の田中正造は被害者の救済をうったえた。産業が発展する一方で、公害問題や労働問題も発生した。

排日運動 ➡ 二十一か条の要求を受けた中国の人々は、要求を認めさせられた5月9日を「国恥記念日」として、日本を排除する運動を各地でおこした。

ベルサイユ条約 ➡ 第一次世界大戦を終わらせるための条約。1919年1月から開かれたパリ講和会議で条件などが話し合われ、6月に結ばれた。

国際連盟 ➡ 国際平和を守るための組織。アメリカは国内で反対されたため不参加。議決は全会一致のためはかどらず、また武力制裁できなかったので、紛争解決がむずかしかった。

民族自決 ➡ 各民族は自らの意思で政治を決めるべきというウィルソンが提唱した考え。この考えにもとづき、第一次世界大戦後、ヨーロッパでは多くの民族国家が独立した。

ワイマール憲法 ➡ 第一次世界大戦後のドイツは民主的な国となり、人権が尊重された憲法がつくられた。これは当時、世界でもっとも民主的な憲法。

男女の普通選挙 ➡ 欧米では民主主義が発達し、イギリスやドイツなどで男女の普通選挙が実現した。

memo 授業などで知ったおもしろ裏話をここにメモるんや！

X時代

時代

大正・昭和時代
たいしょう しょうわ じだい

だいたい1920〜1930年

WEBは
こちら

こんな時代だよ

X時代、世界がまとまっていくように、日本も世界に近づいていくねん。でも大震災をさかいに、今度はどんどん世界と離れて仲悪くなっていく。まさにXの形になるんや。この時代の後半はダメダメやから、X時代でもあるんや。
（エックス）（バツ）

X時代の前半は、W時代の最後の方と時代が重なっとる。だから注意してな。わかりやすいよう、このX時代にもW時代で出てたベルサイユ条約と国際連盟を入れといたで。

［ 海 外 ］　　　　　　　　　　　　　［ 国 内 ］

海外に
近づく

1917 年
ロシア革命
（かくめい）

大戦景気
（たいせんけいき）

シベリア出兵
（しゅっぺい）

1919 年
三・一独立運動
（さん　いちどくりつうんどう）

1919 年
五・四運動
（ご　し　うんどう）

原敬（はらたかし）　国際連盟に加入

大正デモクラシー
（たいしょう）

日本から
卒業！

ゴシゴシ消すアルヨー
ゴシゴシ

そぉ～
日本が
仲間や

1923 年
関東大震災
（かんとうだいしんさい）

山東出兵
（さんとうしゅっぺい）

強硬外交
（きょうこうがいこう）

てなくて
ワシーっ

やよくも
たな

張作霖爆殺事件
（ちょうさくりんばくさつ　じ　けん）

金融恐慌
（きんゆうきょうこう）

ヤバーッ

日本
せ嫌い

父のかたき
ワシも
コッチや

甘口
です

国民政府
（こくみんせいふ）

濱口雄幸襲撃
（はまぐち　お　さちしゅうげき）

海外と
仲悪く

海外と少し近づく日本

日本が中国や朝鮮半島で好き放題しとったら、さすがに反発されるんや。だから、日本も少し反省するねん。

[海 外]

世界初の社会主義革命！
ロシア革命（かくめい）

戦争続きのロシアでおきた労働者の革命。アジアの国にも影響をあたえる。

3月1日から始まった！
三・一独立運動（さんいちどくりつうんどう）

韓国併合から日本に植民地支配されていた朝鮮で、独立運動がおこる。日本は支配を少しゆるめる。

5月4日から始まった！
五・四運動（ごしうんどう）

二十一か条の要求の多くが、ベルサイユ条約で認められることになったので、中国の人々が反発。日本は少しだけ権利を手放す。

・ベルサイユ条約（じょうやく）
・国際連盟（こくさいれんめい）

時代の流れとしては、平和的でいいと思うで。

日本は少しだけ、中国や朝鮮に権利をゆずった。

日本は世界に混じろうとする

第一次世界大戦の勝ち組日本は、英仏米みたいな強い国といっしょになって、世界にかかわろうとするんや。

[国 内]

日本は「出兵(しゅっぺー)だけに失敗(しっぺー)」って親父ギャグをなんどもするんや。

大戦景気(たいせんけいき)

戦争の舞台になってない日本は、第一次世界大戦中は輸出が増えて、大儲け。

shuppei ≒ shippai
出兵 = 失敗

シベリア出兵(しゅっぺい)

ロシア革命が広がらないように英仏米といっしょに出兵(しゅっぺい)。しかし、国内で米騒動(こめそうどう)がおきてしまい失敗(しっぺー)。

19 代総理大臣!
原敬(はらたかし)

国連加盟で世界と仲良く.

米騒動で内閣が倒れると、平民出身の原敬が総理になり、国際連盟に加入。

めざせ民主主義!
大正デモクラシー(たいしょう)

世界に進出! 国内は民主化! しかし…

関東大震災(かんとうだいしんさい)

第一次世界大戦の好景気も終わり、景気が悪くなり始めたころ、原敬暗殺。内閣がころころ変わるなか、東京や横浜が焼け野原になるような大災害がおこる。日本は大混乱。

中国とは最悪の関係に

五・四運動後、孫文が中国国民党をつくり蒋介石が引き継ぐ。
力で国をまとめようとする蒋介石に、日本が手を出すんや。

孫文の後釜・蒋介石
が、中国をまとめる
ため、中国北部の権
力者・張作霖を攻撃。

山東出兵（しゅっぺい）
も結果的に
失敗（しっぺー）や。

孫文の後釜！
蒋介石（しょうかいせき）

北部を攻撃！
北伐（ほくばつ）

VS

中国北部の軍隊！
張作霖（ちょうさくりん）

山東出兵（さんとうしゅっぺい）

張作霖を助けるため、日本が
出兵。本当の目的は、日本人
保護や中国での利益。

張作霖爆殺事件（ちょうさくりんばくさつじけん）

張作霖がいうこときかなくなっ
てきたため、日本は張作霖を爆
殺して、蒋介石のしわざにしよ
うとするがバレる。

中国にちょっ
かい出して、
どんどん嫌わ
れてますね。

国民政府（こくみんせいふ）

張作霖の息子が蒋
介石と手を組み、
中国がまとまる。

どんどん海外と仲が悪くなる

大震災後、日本はキョウコウに

関東大震災で大ダメージを受けた日本は、よゆうがなくなってしもて、恐慌と強硬の2つのキョウコウになるんや。

[海外には]

相手に冷たくする！

_{きょうこうがいこう}
強硬外交

中国に武力で
進出する。

ちなみに
私の名前は
今日子なのよ。

[国内では]

**会社が
つぶれやすい！**

_{きんゆうきょうこう}
金融恐慌

銀行や会社の
倒産が続く不景気。

だれも
聞いてない。

さらに…

強硬派と協調派が交代で政権をにぎるなか、海外と仲良くしようとしていた濱口雄幸総理大臣が襲われる事件発生

軍事力を大きくして、海外に出て、利益を奪おうとする強硬派を支持する青年に「甘い！」と襲われてしまう。

甘いです。

27代総理大臣！
_{はまぐち お さち}
濱口雄幸

海外と離れる決定打！！

Ｘ時代の日本史年表

1917年 ロシア革命（かくめい）

1918年 シベリア出兵（しゅっぺい）で
食いっぱぐれて米騒動。めっちゃ腹減ったし！
（1918／米騒動発生／原敬内閣誕生）

1919年 三・一独立運動（さんいちどくりつうんどう）と五・四運動（ごしうんどう）で
反発行く行く！　さーい こーよと、挑戦 中！
（1919／三一独立運動／五四運動／朝鮮／中国）

1923年 関東大震災（かんとうだいしんさい）で急に散々な日本へ！
（1923／これを機にひどくなる）

1925年 普通選挙法（ふつうせんきょほう）　治安維持法（ちあんいじほう）

1928年 張作霖爆殺事件（ちょうさくりんばくさつじけん）で張作霖を木端微塵に！
（1928）

掘り下げ キーワード

社会主義社会（しゃかいしゅぎしゃかい） ➡ 資本主義社会を批判し、平等な社会を求める思想。土地を農民にあたえ国が管理したり、工場や銀行、鉄道などを国が経営したりする国を社会主義国家という。

ソ連（れん） ➡ ロシア革命によってできたレーニンを指導者とする社会主義国家・ソビエト社会主義共和国連邦（しゃかいしゅぎきょうわこくれんぽう）の略。アメリカや日本は社会主義が広がらないようシベリア出兵を行った。

中国共産党（ちゅうごくきょうさんとう） ➡ 中国国民党が結成された数年後に、ロシア革命の影響を受けてつくられた中国の政党。中国国民党と内戦を始める。

財閥（ざいばつ） ➡ 政府の保護を受けた大資本家（三井・三菱・住友・安田など）。大戦景気でさらに力を強めた。

米騒動（こめそうどう） ➡ シベリア出兵により、米の需要が高まると考えた商人が米を買い占めたため、米の値段が急上昇した。これに怒った富山県の漁村の主婦が米の安売り運動をおこすと全国に広がり大騒動となった。

政党内閣（せいとうないかく） ➡ 原敬内閣は、陸軍・海軍・外務大臣以外すべて政党（立憲政友会（りっけんせいゆうかい））の党員が大臣となったので、本格的な政党内閣といわれた。

第一次護憲運動 ⇒ 長州出身の桂太郎が 15 代総理大臣のとき、尾崎行雄や犬養毅を中心に藩閥政治を批判し立憲政治を守る護憲運動がおこった。桂内閣は倒れ、国民の運動で内閣が倒れた初めての出来事となった。

第二次護憲運動 ⇒ 原敬内閣・高橋是清内閣と続いた政党内閣が途絶えると、政党内閣や普通選挙を求めて第二次護憲運動がおこった。

民本主義 ⇒ 吉野作造が唱えた「主権は天皇だが、国民の意見は尊重すべき」という考え。

大正デモクラシー ⇒ 護憲運動、民本主義など民主主義を求める動き。デモクラシーとは英語で民主主義の意味。

労働争議・小作争議 ⇒ 民主主義を求める動きのなか、労働者の待遇改善をめざした労働争議や、小作料の引き下げを求めた小作争議など社会運動が活発になった。

全国水平社 ⇒ 社会運動の高まりのなか、差別を受けてきた被差別部落の人々は、全国水平社をつくり、差別をなくす解放運動を進めた。

女性運動 ⇒ 平塚らいてうは、青鞜社や新婦人協会をつくり、女性の政治活動の自由・男女共学など女性解放運動を行った。

憲政の常道 ⇒ 第二次護憲運動の後、加藤高明内閣で政党内閣が復活すると、犬養毅首相が暗殺されるまで、衆議院で多数を占める政党のトップが内閣をつくった。

普通選挙法 ⇒ 加藤高明内閣で、満 25 歳以上のすべての男子に選挙権がある普通選挙法が成立。

治安維持法 ⇒ 普通選挙法によって、社会主義者などの運動が活発になることをおそれ、社会主義思想をきびしく取りしまる法律が成立。思想の自由を奪うことに。

Y 時代

昭和時代 前期
だいたい 1930 〜 1940 年

WEB は
こちら

こんな時代だよ

X時代の恐慌で、**よ**ゆうがなくなってしもた日本は、もう**や**りたい放題。海外と仲悪くなって、Y時代にはYの字が途中でぶつかるように、**や**っぱり中国とぶつかって戦争してしまうねん。ここから戦争の始まりや。

このとき、中国は蔣介石と毛沢東が争ってたんでしょ?

そうやけど、内乱で消耗するのは、しょうもないって協力するようになんねん。

[海外]　　　　　　　　　　[国内]

1931年
満州事変
りゅうじょう こ じ けん
柳条湖事件

1932年
ご いち ご じ けん
五・一五事件
いぬかいつよし
犬養毅暗殺

↓

まんしゅうこく
満州国
ちょう さ だん
リットン調査団

1933年
こくさいれんめい
国際連盟脱退

1936年
に にろくじけん
二・二六事件

ワシズム

しょうかいせき　もうたくとう
蔣介石　毛沢東

1937年
日中戦争開始

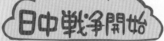

ろ こうきょう じ けん
盧溝橋事件 をきっかけに

にちどくぼうきょうきょうてい
日独防共協定

戦争のため中国が1つに
こうにちみんぞくとういつせんせん
抗日民族統一戦線

中
国
と
全
面
戦
争

戦争のため日本が1つに
こっ か そうどういんほう
国家総動員法

さらに協力

たいせいよくさんかい
大政翼賛会

勝手に国づくり：満州国

中国と仲悪なってしもた日本は、なんと辛亥革命でぶっとばされた清の皇帝溥儀をトップにして、中国で国をつくるんや。

[海 外]

中国北部へ進出！

満州事変

柳条湖事件

↓

満州国

中国北部（満州）を占領するための戦いが始まる。

日本が権利をもつ南満州鉄道を自分で爆破し、中国がやったとイチャモンつけて攻撃開始。

中国北部を占領して、満州国をつくる。

> 自分の家に他人が勝手に部屋つくったようなもんや。そりゃ、怒るわ。

溥儀

国際連盟に認めてもらえず

日本に侵略されたと中国が訴えたから、国際連盟からリットン調査団がやってくる。結局、満州国は認められないねん。

柳条湖事件の
理由証拠を調べに！

リットン調査団

満州事変は日本の侵略で、満州国は認められないと調査結果が出る。日本は逆ギレ。

国際連盟は満州事変を侵略と批判

4 国内はさらにワガママに

強硬外交に進み出した日本国内では、いうこときかないやつをおそったりして、もう、ワガママし放題やねん。

首相でも軍に反対すると殺されるから、みんなビビり出すんや。

29代総理大臣！
犬養毅暗殺

[国内]

軍による犬養暗殺！
五・一五事件
(ご・いちごじけん)

満州国に反対したとして、海軍の青年将校が犬養毅を暗殺 (政党内閣の終わり)。

満州国なんてトンでもない

豚だけど…

さらにワガママ ⬇

ブタれたいんか？

リットン調査団に逆ギレして、国際連盟脱退

さらにさらにワガママ ⬇

これで、だれも軍に逆らえなくなってしまうんや。

陸軍の青年将校たちが、首相官邸などを占拠して、有力政治家を殺傷。軍事政権をつくろうとする。

バカ

$2 × 2 = 6$

軍によるクーデター！
二・二六事件
(に・にろくじけん)

クーデターは失敗するが、軍の発言力は大きくなる。日本は考えないで行動するワガママ国家に

もう、ぶつかるしかない！

中国国内は内乱状態やったけど、ワガママし放題の日本にがまんならず、ついに激突！　日本はワガママ仲間をつくるねん。

［ 海 外 ］

中国国民党！
しょうかいせき
蔣介石

中国共産党！
もうたくとう
毛沢東

中国では、中国国民党と中国共産党が争っていたが、日本が侵略してくると、いったん争いをやめ、いっしょに戦うことに。

［ 国 内 ］

ワガママ仲間！
にちどくぼうきょうきょうてい
日独防共協定

日本　　**ドイツ**

日本は、ワガママな考えをもつファシズムのドイツと仲間になる。

日中戦争開始

ファシズムは、自分の国が大切ってことで、他国と仲良くせずワガママに行動する考えや。ワシ（自分）が大切なんで、ワシズムやな。

日中戦争のゴング！
ろこうきょうじけん
盧溝橋事件

北京郊外でおこった、日本と中国との突発的なぶつかりあい。ここから宣戦布告なしで
にっちゅうせんそう
日中戦争がスタート。

おたがい、もう本気！

日中戦争が始まると、戦場はどんどん広がり中国全土になる。
日本と中国の全面戦争。これから大変や。

戦争のため中国が1つに

[海外]　[国内]

中国と全面戦争に

戦争のため日本が1つに

さらに協力

蔣介石
（しょうかいせき）

毛沢東
（もうたくとう）

いっしょに戦うぞ！

抗日民族統一戦線
（こうにちみんぞくとういつせんせん）

中国国民党と中国共産党が、日本と徹底的に戦うため、軍隊を合わせて協力。

日本がまちがってまーす！

アメリカとイギリスが中国側をサポート

国民全員で戦うぞ！

国家総動員法
（こっかそうどういんほう）

国民や物資をすべて戦争のために使える法律。

政党は1つに！

大政翼賛会
（たいせいよくさんかい）

政党はすべて解散して、1つに合流。

挙国一致体制

🔵 戦争中の日本は！

　戦争中は、なによりも戦争を優先するから、どんどん不自由になっていく。政党を1つにすることで、反対意見が出ないようにしたり（大政翼賛会）、労働組合を解散させたりな。労働組合は、会社の働き方に意見をいう組織から、反対意見が出やすかったんやな。

Ｙ 時 代 の 日 本 史 年 表

1931年 満州事変（柳条湖事件）はきっと日本が犯人くさい！

1932年 満州国が誕生　五・一五事件

1933年 国際連盟を脱退

1936年 二・二六事件で戦ムリヤリ！

1937年 日独伊防共協定

1937年 盧溝橋事件で日中が戦なるのは仕方ない！

1938年 国家総動員法

1940年 大政翼賛会

掘り下げ キーワード

世界恐慌 ➡ 第一次世界大戦後、世界経済の中心になっていたアメリカで株が大暴落すると、不景気が世界中に広がり世界恐慌に。金融恐慌になっていた日本も影響を受け、さらに不景気に（昭和恐慌）。

ニューディール政策 ➡ アメリカの恐慌対策。ダム建設など公共事業を行って失業者に仕事をあたえるなど、国がお金をどんどん出した。

ブロック経済 ➡ イギリスとフランスの恐慌対策。輸入品に高い関税をかけてブロックし、自国と植民地とだけで貿易を行った。

ファシズム ➡ 自由や民主主義を認めない軍国主義的な独裁政治。イタリア語で「結束」を意味する「ファッショ」が由来。

ファシスト党 ➡ イタリアの政治家・ムッソリーニが率いた政党。この政党によって、ファシズムという言葉が広まった。

ナチス ➡ ヒトラーをトップとするドイツの政党・国家社会主義ドイツ労働者党の略。ファシズムの代表。第一次世界大戦で負けて、土地や賠償金をたくさんとられたドイツでファシズムが広がる。

memo 授業などで知ったおもしろ裏話を
ここに**メモ**るんや！

昭和時代 中期
しょうわじだい
だいたい 1940 ～ 1950 年

WEB は
こちら

こんな時代だよ

ラストの **Z** 時代はその字のごとく、最初は日本が海外を**ズンズン**おしこむも、**ジリジリ**とおしもどされて逆転負けすんねん。これでアルファベット最後の **Z** だけに、ワガママ日本も終わるんや。そして、民主国家日本に生まれかわるねん。

ものごとにはなんでも終わりがあんねん。小中学校の卒業もそやし、仕事も恋愛もクビになったりフラれたり、いろいろや。でも、人も国も倒れたままではいられない。日本がどう立ち上がるか、そこにも注目や。

Z 時代の流れ

1939年 第二次世界大戦

日独伊
三国同盟

[味方]
日独伊三国同盟
[敵]
ABCD包囲陣

東条英機

1941年 真珠湾攻撃

信じられないわん!!

太平洋戦争

ミッドウェー海戦

カイロ会談

サイパン島全滅

サイパン×

首相交代

うぅぅ

1945年

小磯国昭

ヤルタ会談
ポツダム宣言

原子爆弾 ➡ 終戦

トルーマン

GHQ

まっかにせ〜なさい

マッカーサー

《戦後改革》
極東国際軍事裁判　選挙法改正
天皇の人間宣言　　農地改革
財閥解体

日本国憲法

国民主権
基本的人権の尊重
平和主義

世界中で戦争：第二次世界大戦

日中戦争だけやない。ヨーロッパで戦争勃発や。日本はパワーアップしながら戦争中心の国になっていくねん。

第二次世界大戦勃発

仲間ゲット！

日独伊三国同盟
にちどくい さんごくどうめい

戦時体制強化！

軍人優先！
食料配給
しょくりょうはいきゅう

監視しあう！
隣組
となりぐみ

思想の統制！
軍事教育
ぐんじきょういく

勢いは日本へ

ドイツがヨーロッパで戦争をおこし領土を広げると、日本は勢いのあるドイツとイタリアとで同盟を結ぶ。戦争は世界規模に。

戦争に集中するため、国民にきびしい制度を守らせる。

このまま右ページに進むんや。

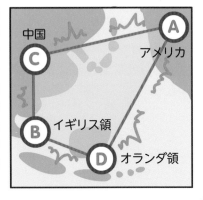

○ ABCD 包囲陣
ほういじん

日本がファシズム仲間の日独伊三国同盟に入ると、アメリカは怒って輸出を制限、さらにアメリカ（America）・イギリス（Britain）・中国（China）・オランダ（Dutch）の4か国で、石油などの輸出を禁止するABCD包囲陣をしく。日本は石油の多くをアメリカにたよってたから、おとなしくなるかと思いきや、陸軍大臣の東条英機が首相になりアメリカを攻撃するんや。

中国
A
アメリカ
C
B イギリス領
D オランダ領

先制攻撃! 太平洋戦争

ABCD包囲陣や、アジアを満州事変より前の状態に戻せと要求されたハル＝ノートに怒った日本は先制攻撃。

軍人首相！

ワシが登場したからには

40代総理大臣！
東条英機

東条英機は、アメリカの提案ハル＝ノートを捨てて、開戦を決断。

いきなり攻撃！

信じられないわん‼

真珠湾攻撃

ハワイの真珠湾をいきなり攻撃。後からアメリカ、イギリスに宣戦布告。

さらに日本へ

太平洋戦争

しかし…
アメリカ反撃開始

Zだけにジリジリ苦しくなっていくな。

うめ〜でヤり返すぜ

みつと〜れ〜

ミッドウェー海戦

日本が敗れ、アメリカ有利に。

カイロ会談

アメリカ、イギリス、中国が戦後の日本をどうするか相談。
（＝日本、もう勝てなそう）

サイパン島全滅

サイパン×

サイパンを奪われ、日本本土の空襲が始まる。

どんどん反撃されて敗北

優勢やった日本はミッドウェー海戦で負けて逆転される。そしてサイパン島全滅で首相は交代や。結局、敗北するねん。

辞職！
とうじょうひでき
東条英機

首相交代

負けを背負わされかわいそ...

41代総理大臣！
こ いそ くに あき
小磯国昭

かいだん
ヤルタ会談

ソ連が参戦することに。
（＝日本、もう逆転不可能）

条件をつけずに降伏しろ！
せんげん
ポツダム宣言

アメリカなどが無条件降伏を求めるが、日本は無視。広島と長崎に原子爆弾を投下。

降伏しろ！

アメリカ大統領！
トルーマン

日本はポツダム宣言を受け入れ敗北。終戦へ

だんだんやられていく様子が名前に

❶真珠湾攻撃 → 急な攻撃、信じゅられないわ（真珠湾）
❷ミッドウェー海戦 → 怒って反撃、見っとれー（ミッドウェー）
❸カイロ会談 → なんかヤバイ？ 帰ろ（カイロ）かな
❹サイパン島全滅 → 負けるぞ。さっさと退散（サイパン）
❺ヤルタ会談 → もうムリ、やられた（ヤルタ）
❻ポツダム宣言 → 日本、沈没だ（ポツダム）

戦いを終えて…

敗戦後の日本の領土は、北海道・本州・四国・九州だけに。
中国や朝鮮半島の支配は終わりをむかえるんや。

朝鮮・台湾などの
植民地は手ばなす

北方領土はソ連占領

領土はとられたけ
ど、これから民主
化が始まるんや。

沖縄・奄美群島・小笠原諸島は
アメリカ占領

<ruby>連合国軍最高司令官総司令部<rt>れんごうこくぐんさいこうしれいかんそうしれいぶ</rt></ruby>（GHQ）**が置かれ、民主化＆平和**

まかしせ〜なさい！

GHQ！
マッカーサー

軍隊が解散させられる
など、GHQによって、
戦前の日本のかたちが
大きく変えられる。

［強者には］

軍隊解散・責任者処罰！
・<ruby>極東国際軍事裁判<rt>きょくとうこくさいぐんじさいばん</rt></ruby>

天皇は人！
・<ruby>天皇の人間宣言<rt>てんのう　にんげんせんげん</rt></ruby>

経済を変える！
・<ruby>財閥解体<rt>ざいばつかいたい</rt></ruby>

［弱者には］

みんな平等！
・<ruby>選挙法改正<rt>せんきょほうかいせい</rt></ruby>

自作農に！
・<ruby>農地改革<rt>のうちかいかく</rt></ruby>

新しい憲法！

<ruby>日本国憲法<rt>にほんこくけんぽう</rt></ruby>

・<ruby>国民主権<rt>こくみんしゅけん</rt></ruby>
・<ruby>基本的人権の尊重<rt>きほんてきじんけん　そんちょう</rt></ruby>
・<ruby>平和主義<rt>へいわしゅぎ</rt></ruby>

GHQ案をもとに政府
がつくった憲法。左の
3つが三大原則。民主
主義国家日本誕生。

Ｚ 時 代 の 日 本 史 年 表

1939 年　第二次世界大戦

1940 年　日独伊三国同盟

1941 年　真珠湾攻撃へ行く用意できた？　さあ太平洋へ！（開戦）　太平洋戦争

1943 年　イタリア降伏

1945 年　ヤルタ会談　ドイツ降伏

　　　　ポツダム宣言　広島・長崎へ原爆投下（終戦）

1946 年　日本国憲法

掘り下げ キーワード

独ソ不可侵条約 ➡ ドイツがソ連と結んだたがいに侵略しないようにしようという条約。ソ連も東側で日本と争っていたので承諾。

第二次世界大戦 ➡ ドイツがポーランドに侵攻したことでおこった枢軸国（ドイツ・イタリアなど）と連合国（イギリス・フランスなど）の戦争。日本はファシズム国家の枢軸国側につき、アメリカが連合国側についた。

大西洋憲章 ➡ アメリカとイギリスはファシズムに反対し民主主義を守るという大西洋憲章を発表。反ファシズムの団結をうったえた。

大東亜共栄圏 ➡ 欧米の植民地支配をなくし、アジアに共存共栄の地域をつくろうという日本のスローガン。

日ソ中立条約 ➡ 太平洋戦争に集中するため、日本はソ連と戦争しないという条約を結んだ。

学徒出陣 ➡ 戦争が長期化すると、兵士が足りなくなったため、それまで徴兵されていなかった大学生なども戦場に送られた。

勤労動員 ➡ 徴兵が強化されると、国内の労働力が不足したため、中学生・女学生などが工場や農村で働かされた。

学童（集団）疎開 ➡ 空襲によって都市が攻撃され始めると、都市の小学生などは親元を離れ、農村に疎開した。

抗日運動 ➡ 日本は戦況が悪くなると、占領していた東南アジアの支配をきびしくしたため、フィリピンやベトナムなどで日本の支配への抵抗が強まった。

闇市 ➡ 非合法の市場。戦後の日本は食料不足のため、都市の人は闇市で買い物したり、農村に買い出しに行ったりした。

青空教室 ➡ 空襲で校舎が焼かれたため、校庭などで行った屋外授業。

極東国際軍事裁判 ➡ 軍隊を解散させたほか、戦争をおこした罪・人道に対する罪などがある戦争犯罪人（戦犯）を裁判にかけて裁いた。東京裁判ともいう。

財閥解体 ➡ 戦前の日本経済を支えた財閥を解散させて、経済面でも民主化をすすめた。

選挙法改正 ➡ 選挙法が改正され、20歳以上のすべて男女に選挙権があたえられた。

農地改革 ➡ 自作農を増やすため、小作地の多くを政府が強制的に買い取り、小作人に安く売った。

日本国憲法 ➡ 国民主権・基本的人権の尊重・平和主義を三大原則とし、天皇は日本国、日本国民統合の象徴とされた。また、国会は唯一の立法機関に。

教育基本法 ➡ 民主主義の考えをもつ人間を育てるための法律。

六・三・三・四制 ➡ 義務教育は小中学校の9年で男女共学とされ、高校3年、大学4年という教育制度がしかれた。

労働組合法 ➡ 団結権・団体交渉権・団体行動権という労働者の権利を守るための法律。さらに、労働条件の最低基準を定めた労働基本法と、労働争議の円満解決をはかる労働関係調整法も定められた。

せ 時代

昭和・平成時代

だいたい 1950 〜 2000 年

WEB は
こちら

こんな時代だよ

Zで**戦争**が終わり、日本が民主化され始めて一件落着。ではないねん。まだまだ歴史は続くんや。ここでは**戦後**の**世界**を見ていくで。大きく2つのチームに分かれた後、片方は途中で終わっとる。**せの形**になっとるから、ここは**せ時代**や。

戦後の歴史は2つに分けて説明するで。
最初のせ時代で世界全体の流れを
大きくつかんでくれ。
日本が直接関係するのは、
つぎの日時代でチェックや!

216

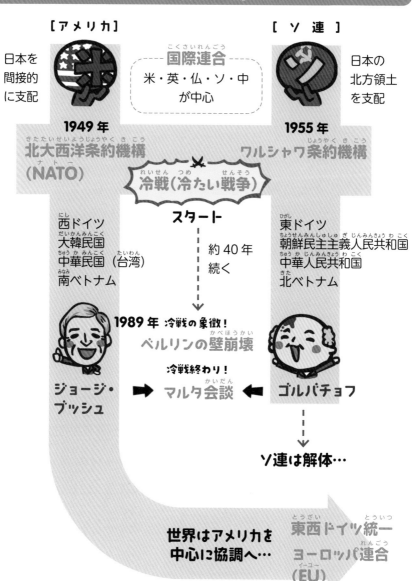

【アメリカ】　　　　　　　　　　　　　　　[ソ 連]

日本を
間接的
に支配

国際連合
米・英・仏・ソ・中
が中心

日本の
北方領土
を支配

1949 年　　　　　　　　　　　　　　　　1955 年

北大西洋条約機構
（NATO）

ワルシャワ条約機構

冷戦（冷たい戦争）

スタート

約40年
続く

西ドイツ
大韓民国
中華民国（台湾）
南ベトナム

東ドイツ
朝鮮民主主義人民共和国
中華人民共和国
北ベトナム

1989 年　冷戦の象徴！
ベルリンの壁崩壊

冷戦終わり！

ジョージ・
ブッシュ

マルタ会談

ゴルバチョフ

ソ連は解体…

世界はアメリカを
中心に協調へ…

東西ドイツ統一
ヨーロッパ連合
（EU）

米ソが冷たーい戦争へ

第二次世界大戦をふせげんかった反省から、世界は国際連合をつくるんや。でも、大きく2つに分かれてしまうねん。

[アメリカ]

GHQ で日本を間接的に支配

世界の平和を守る！
国際連合（こくさいれんごう）
アメリカ・イギリス・フランス・ソ連・中国が中心。

[ソ 連]

日本の北方領土を支配

しかし、米ソが直接戦わない争いが始まる…

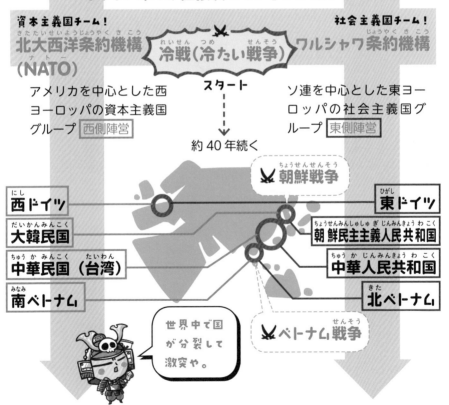

資本主義国チーム！
北大西洋条約機構（NATO）（きたたいせいようじょうやく きこう／ナトー）

冷戦（冷たい戦争）（れいせん つめたい せんそう）
スタート

社会主義国チーム！
ワルシャワ条約機構（じょうやく きこう）

アメリカを中心とした西ヨーロッパの資本主義国グループ 西側陣営

約 40 年続く

ソ連を中心とした東ヨーロッパの社会主義国グループ 東側陣営

✗**朝鮮戦争**（ちょうせんせんそう）

西ドイツ（にし） ○ ○ **東ドイツ**（ひがし）

大韓民国（だいかんみんこく） **朝鮮民主主義人民共和国**（ちょうせんみんしゅしゅ ぎ じんみんきょうわこく）

中華民国（台湾）（ちゅうかみんこく／たいわん） **中華人民共和国**（ちゅうか じんみんきょうわこく）

南ベトナム（みなみ） **北ベトナム**（きた）

世界中で国が分裂して激突や。

✗**ベトナム戦争**（せんそう）

ソ連が壊れて冷戦終了!

ソ連の経済が悪くなると、指導者の名前がゴルバチョフだけに「ゴール」いうて、冷戦は終わるんや。

冷戦の象徴!
ベルリンの壁崩壊

ドイツを東西に分けていた壁がくずされる。

アメリカ大統領!
ジョージ・ブッシュ **マルタ会談** ← **ソ連の首脳!**
冷戦終わり! **ゴルバチョフ**

米ソが首脳会談で、冷戦の終結を宣言。

> ソ連は影響力が弱まり、東ヨーロッパの国々は社会主義をやめていくで。

ソ連は解体
社会主義国も減る

世界はアメリカを中心に協調へ…

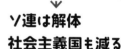

資本主義国に!
東西ドイツ統一

ヨーロッパをまとめる!
ヨーロッパ連合
(EU)

◎ 資本主義と社会主義の共通点

　資本主義は「がんばるほど儲けにつながる、みんながんばりたくなる世界」。社会主義は「みんな同じ生活、同じくらし、最低限生きていける世界」。真逆の世界やけど、「がんばっても、どうせオレは儲けられない」とか、「みんな同じ生活なら、がんばるだけ損」とか、どちらも「がんばりたくない」と思わせたらアカンねん!

WEBは
こちら

せ時代の世界史年表

1945年	国際連合
1949年	北大西洋条約機構（NATO）
	中華人民共和国が誕生
1950年	朝鮮戦争（〜1953年）
1955年	ワルシャワ条約機構　アジア・アフリカ会議
1965年	ベトナム戦争（〜1975年）
1967年	ヨーロッパ共同体（EC）
1989年	ベルリンの壁崩壊（冷戦終結）
1990年	東西ドイツ統一
1991年	湾岸戦争　ソ連解体
1993年	ヨーロッパ連合（EU）
2001年	同時多発テロがおこる
2003年	イラク戦争
2008年	世界金融危機

掘り下げ キーワード

国際連合 ➡ 国際平和を守るための組織。総会・安全保障理事会・経済社会理事会・国際司法裁判所・事務局などの機関がある。

総会・安全保障理事会 ➡ 国際連合の中心機関。総会は全加盟国で構成され、安全保障理事会は常任理事国（アメリカ、イギリス、フランス、ソ連いまはロシア、中国）と非常任理事国10か国で構成される。

拒否権 ⇒ 安全保障理事会は、ものごとを決めるのに9か国以上の賛成が必要だが、常任理事国は拒否権をもっていて、一国でも反対すると決められない。

武力制裁 ⇒ 国際連合は紛争を解決するために、国連軍をつくり武力で制裁をあたえられる。

冷戦 ⇒ アメリカとソ連が直接戦争しない、西側陣営と東側陣営の対立。

大韓民国（韓国） ⇒ アメリカの援助で朝鮮半島の南側に誕生した資本主義国。

朝鮮民主主義人民共和国（北朝鮮）
⇒ ソ連の援助で朝鮮半島の北側に誕生した社会主義国。

朝鮮戦争 ⇒ 韓国と北朝鮮による、アメリカとソ連の代理戦争。

中華人民共和国 ⇒ 毛沢東の中国共産党がつくった社会主義国。

中華民国（台湾） ⇒ 蔣介石の中国国民党は中国共産党との戦いに敗れ、台湾に逃れた。

ベルリンの壁 ⇒ 冷戦によって東西に分裂したドイツのベルリンにつくられた壁。ベルリンは東ドイツにあり、ベルリン自体も東ベルリンと西ベルリンに分かれていた。壁は西ベルリンをかこむようにつくられた。

アジア・アフリカ会議 ⇒ アジアとアフリカの国々は、平和共存など平和十原則を宣言。

ヨーロッパ共同体（EC） ⇒ 影響力を強めるため、西ヨーロッパの6か国は経済などをまとめるグループをつくった。

ベトナム戦争 ⇒ 資本主義の南ベトナム軍と社会主義の北ベトナム軍の内戦。アメリカは南ベトナムを支援するが撤退し、ベトナム社会主義共和国が誕生。

湾岸戦争 ⇒ イラクがクウェートに侵攻したため、国際連合がアメリカを中心とした多国籍軍をつくり派遣したことでおこった戦争。

ヨーロッパ連合（EU） ⇒ ECは経済だけでなく政治的にもまとまろうとEUをつくる。ユーロはEU参加国の共通通貨。

サミット（主要国首脳会議） ⇒ アメリカ、イギリス、フランス、日本、ドイツ、イタリア、カナダ、ロシアとEU委員長で構成される国際会議。

昭和・平成時代

だいたい 1950 〜 2000 年

WEB は
こちら

こんな時代だよ

戦後の日本は、戦争で戦ったアメリカ、ソ連、中国と少しずつ仲直りしていくねん。ほら、日本だけに日の形になる。やからこの時代は日時代や。世界の国々と仲直りしていくにつれ、日本は豊かになっていくねん。

日時代では日本と日本がかかわった出来事を中心に戦後の歴史を見ていくで。
せ・日時代でわかる通り、世界は
1つになろうとしとるな。これからの時代は
ケンカするより助け合っていく時代なんかもな。

[海 外]　　　　　　　　　　　　[日 本]

アメリカと
仲良く

1951年
サンフランシスコ
平和条約
<small>へい わ じょうやく</small>

日本、独立を回復

警察予備隊
<small>けいさつ よ び たい</small>
日米安全保障条約
<small>にちべいあんぜん ほ しょうじょうやく</small>

北朝鮮 & ソ連
<small>きたちょうせん　れん</small>

朝鮮戦争
<small>ちょうせんせんそう</small>

韓国 & アメリカ
<small>かんこく</small>

特需景気
<small>とくじゅけい き</small>

ソ連とも
仲良く

1956年
日ソ共同宣言
<small>にっ　きょうどうせんげん</small>

日本、国際連合加盟

自衛隊
<small>じ えいたい</small>
55 年体制
<small>ねんたいせい</small>

高度経済成長
<small>こう ど けいざいせいちょう</small>

北ベトナム
<small>きた</small>

ベトナム戦争
<small>せんそう</small>

南ベトナム
<small>みなみ</small>

中国とも
仲よく

1978年
日中平和友好条約
<small>にっちゅうへい わ ゆうこうじょうやく</small>

1972年
日中共同声明
<small>にっちゅうきょうどうせいめい</small>

日 日本、少しずつ仲良しに

戦後、日本は世界と仲良くしようとする。とくに冷戦が始まると、日本は独立して、アメリカとめちゃ仲良くなるんや。

[世界]　　　　　　　　　　　　　　　　[日本]

アメリカと仲良く

西側陣営に入れるため、アメリカは日本に近づく。

サンフランシスコ平和条約
（へいわじょうやく）

日本は連合国の占領から独立を回復。

再軍備！警察予備隊
（けいさつよびたい）

日本に米軍基地！日米安全保障条約
（にちべいあんぜんほしょうじょうやく）

社会主義が広まらんよう、アメリカは日本を防波堤にするねん。

北朝鮮 ＆ ソ連
（きたちょうせん）（れん）

朝鮮戦争
（ちょうせんせんそう）

韓国 ＆ アメリカ
（かんこく）

朝鮮半島を南北に分けて、韓国と北朝鮮がアメリカとソ連の代理戦争をする。

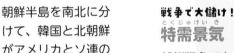

戦争で大儲け！特需景気
（とくじゅけいき）

朝鮮戦争でたくさんの物資が必要となり、日本は大儲け。

警察予備隊を強化！自衛隊
（じえいたい）

ソ連とも仲良く

日ソ共同宣言
（にっ）（きょうどうせんげん）

日本は西側陣営の一員としてソ連と国交を回復。そして国際連合に加盟。

政治が安定！55年体制
（ねんたいせい）

自由民主党が結成されると、長期政権に。
（じゆうみんしゅとう）

だいたいの国と仲直り

ソ連に続き中国とも仲直り！　すべてじゃないけど、ほぼ世界の国と国交回復や。この時代、経済成長もするねん。

北ベトナム

ベトナム戦争

南ベトナム

中国とも仲良く

ベトナムでも南北に分かれ、西側陣営と東側陣営が激突。

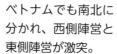

さらに仲良く！
日中平和友好条約

所得倍増をスローガン！
高度経済成長

アメリカについで、資本主義国で2番目の金持ち国家に。

日中共同声明

戦争で損害をあたえた中国とも国交を回復。

日本は世界とつながり、世界一体化（グローバル化）の時代へ…

◎ 非核三原則は原爆投下の27年後

核兵器を「おさない、かけない、しゃべらない」じゃなく、「もたず、つくらず、もちこませず」を国の方針にしたんは、沖縄が復帰した1972年なんや。アメリカ軍基地がたくさん残ったから警戒したんやな。じつは玉先生、歴史を勉強する前は原爆が落とされた1945年だとかんちがいしとった。みんなも気をつけるんや。

日時代の日本史年表

1951 年	サンフランシスコ平和条約
	日米安全保障条約
1952 年	日本、独立を回復
1955 年	自由民主党結成
1956 年	日ソ共同宣言 （日本、国際連合に加盟）
1965 年	日韓基本条約
1972 年	沖縄の日本復帰
	日中共同声明
1973 年	石油危機（オイルショック）
1978 年	日中平和友好条約
1991 年	バブル経済の崩壊
1992 年	平和維持活動（PKO）協力法
1995 年	阪神・淡路大震災
1997 年	地球温暖化防止京都会議
2002 年	日朝首脳会談
2011 年	東日本大震災

掘り下げ キーワード

日米安全保障条約 ➡ 日本の安全と東アジアの平和を守るためとして結ばれた条約。日本国内にアメリカ軍基地ができる。

日本社会党 ➡ アメリカの政策に批判的な政党。日米安全保障条約や自衛隊に反対。

自由民主党（自民党） ➡ アメリカの政策を支持する勢力がつくった政党。以降、38年間も政権をもつ。

55年体制 ➡ 1955年に自民党が結成されたことから、自民党のみによる政治体制を55年体制という。1993年に55年体制は終了。

安保闘争 ➡ アメリカの戦争に巻きこまれると、反対が強かった新日米安全保障条約を結ぶと、国内で反政府運動がおこった。

日韓基本条約 ➡ 韓国との国交を正常化した条約。日本は韓国を朝鮮半島にある唯一の合法的政府として認めた。

沖縄の日本復帰 ➡ サンフランシスコ平和条約後も、沖縄と小笠原諸島はアメリカに支配されていたが、1968年に小笠原諸島が、1972年に沖縄が日本に復帰。アメリカ軍基地は残った。

四大公害病 ➡ 経済成長を優先させたため、四大公害病（水俣病・第二［新潟］水俣病・イタイイタイ病・四日市ぜんそく）が発生した。そのため、公害対策のための法律（公害対策基本法）や省庁（環境庁。今の環境省）がつくられた。

石油危機（オイルショック） ➡ 中東戦争の影響で、石油産出国の利益を守る石油輸出国機構（OPEC）が石油の値段を上げたため日本は経済に打撃を受けた。高度経済成長は終わり、安定成長に向かった。

バブル経済 ➡ 株と土地の値段が異常に上がり好景気になった状態。語源は「実体のない泡（バブル）のような経済」から。

平和維持活動（PKO） ➡ 冷戦後、地域紛争などがおこり国連のPKOが活発になると、日本も平和維持活動（PKO）協力法をつくり、自衛隊を派遣した。

拉致問題 ➡ 北朝鮮によって多くの日本人が拉致された問題。まだ未解決。また、北朝鮮には核兵器開発の問題も残っている。

地球温暖化防止京都会議 ➡ 地球温暖化への危機感が高まり、京都会議で温室効果ガスの排出削減の取り決めがされた。

文化史

飛鳥文化から
大正文化まで

歴史がくらしをつくり、くらしが文化を生む。
やから、文化を覚えるには、
どんな歴史やったか考えると、
文化の特徴が見えてくるんや。
文化史では、オレがつくったギャグ満載の
オリジナル解釈で文化財を紹介するで。
なかには、「ちょっとムリがあるんじゃ……」
みたいな解釈もあるかもしれん。
でも、それが覚えるのに役立つんや。

文化史の見方

「各時代の歴史が、どんなくらしをつくり、そのくらしがどんな文化を生んだか」を玉先生がギャグ満載のオリジナル解釈で説明。文化を覚えるためのフックになる！

玉先生がつくった「覚えやすいルール」でまとめた重要な文化財！

鎌倉文化

J時代 ｜ 鎌倉時代

WEB-U つむく

歴史

12世紀末、武士の源頼朝が鎌倉幕府をつくり、武力で朝廷をおさえて天下をおさめ始めたやろ？

くらし

すると武士にとって大切な名誉のために、がんばるもんがめちゃくちゃ出てきたんや。

文化

やから武士の武力にみんなが注目するようになって、武力＝暴力＝ぶっそう！ってことで、仏像が大流行や。それできっと新しい仏教が生まれたんやと思うわ。

鎌倉文化の特色

優雅な貴族の文化ではなく、武士が中心の素朴で力強い文化。また、仏教もわかりやすく実行しやすい新しい仏教が生まれ、武士や民衆に広まった。

武力とぶっそう（仏像）の男らしい文化！

にお（におい）强そう！
金剛力士像（運慶・快慶）

王様がある！
東大寺南大門

宝執を返す！
方丈記（鴨長明）

見うずままおう！
徒然草（吉田兼好）

新古今和歌集が男らしい!?
新古今和歌集（藤原定家など）は、2つの文字を「ら」と「ぬ」に置きかえてみると男らしくなる。「●んこさん●かしゅう」

軍記物

合戦をえがいた、軍記物！
平家物語
琵琶法師

法然（浄土宗）

親鸞（浄土真宗）

そのほかの鎌倉文化

絵巻物（蒙古襲来絵詞）（一遍上人絵伝）、彫刻、〈金槐和歌集〉〈沙石集〉、臨済宗（一遍、日蓮宗（日蓮）、曹洞宗（栄西）、曹洞宗（道元）など

236 237

教科書にのっているような各文化のまじめな説明！

「覚えやすいルール」におさまらなかった、そのほかの重要な文化財！

各時代に文化史のアニメ授業が見られるQRコードが付いてます！

文化史を覚えるのには役に立つわね。つまんないのもあるけど！

飛鳥文化(あすか)

BC 時代 | 飛鳥時代

WEB は
こちら

歴史

6～7世紀、聖徳太子(しょうとくたいし)が活躍したころ、
天皇を中心に国として、まとまり始めたやろ？

↓

くらし

すると朝鮮半島から挑戦（Try）しに日本へ
やって来ていた渡来人(とらい)が海外の情報を広めたんや。

↓

文化

やから6世紀のまだ未熟でろくなもんない日本へ、
飛鳥の名のごとく、文化もおとなり朝鮮から、
ろくなもんが鳥のように飛んで来た。
C時代でも飛ぶ鳥の鳳凰（法と王）が登場したやろ。

飛鳥文化
の特色

飛鳥地方（奈良県）を中心に栄えた日本最初の仏教
文化。中国・朝鮮・ギリシャ・西アジア・インドな
ど世界の影響を受けていた。

6 世紀だけに、ろくなもんが多い！

世界最古の
木造建築！
法隆寺（ほうりゅうじ）

◎ 釈迦三尊像（しゃかさんぞんぞう）
3 + 3 = 6

◎ 玉虫厨子（たまむしのずし）
6

「ぞん」を「3」
と読ませるなん
て苦しいですね。

6・・・・・

五重の塔なのに
屋根は6つ!!

◎ 五重の塔（ごじゅうのとう）

わしって
そんなに
くだらんか？
NO

◎ 百済観音像（くだらかんのんぞう）

[広隆寺]（こうりゅうじ）
[中宮寺]（ちゅうぐうじ）

◎ 弥勒菩薩像（みろくぼさつぞう）
6

くだらなくない
＝ろくなもんてことや！

そのほかの
飛鳥文化

天寿国繍帳（てんじゅこくしゅうちょう）（中宮寺（ちゅうぐうじ））、飛鳥大仏（あすかだいぶつ）（飛鳥寺（あすかでら））、
四天王寺（してんのうじ）など

天平文化

D 時代 | 奈良時代

WEB は
こちら

歴史

8 世紀の初めごろに平城京をつくり都を移すと、
戸籍を使って、税金を集め出したやろ？

くらし

するとお金が集まり都が発展。海外にたくさん
おもしろいもんがあるので日本は興味しんしん。

文化

やから、いろんなものをどんどん集めまくって、
天平の名のごとく、天と平だけに、
あまった！いらん！と
めちゃくちゃな数になったんやろな。

**天平文化
の特色** 聖武天皇の時代を中心とする文化。遣唐使がもたら
した唐の文化のほか、シルクロードを通ってきたロー
マや西アジアなどの西域の文化の影響も大きい。

集めまくったので、なんでも数が多い！

大量のお宝どっさり♫

◎ 校倉造の正倉院（あぜくらづくり しょうぞういん）

丸やくぼみたくさん．

普通は弦4本なのに

◎ ガラス器（正倉院）（き しょうそういん） ◎ 五絃の琵琶（正倉院）（ごげん びわ しょうそういん）

大仏にお金だいぶ使っちゃった．

大仏

しょーもなー

◎ 東大寺の大仏（とうだいじ だいぶつ）

ほんと、たくさんだー！

全国につくりすぎ！

◎ 国分寺（こくぶんじ）
◎ 国分尼寺（こくぶんにじ）

2万個？あまった、いらん！

◎ 日本書紀（にほんしょき）
◎ 万葉集（まんようしゅう）
◎ 古事記（こじき）

手も顔も多すぎっ

◎ 阿修羅像（あしゅらぞう）（興福寺）（こうふくじ）

そのほかの天平文化 ➡ **唐招提寺**（とうしょうだいじ）、**風土記**（ふどき）、**吉祥天画像**（きちじょうてんがぞう）（**薬師寺**（やくしじ））、**鳥毛立女屏風**（とりげりつじょのびょうぶ）（**正倉院**（しょうそういん））など

国風文化
こくふう

WEB は
こちら

歴史

9世紀になると唐がとうとう滅びそうなんで、
とう
菅原道真が遣唐使を続けるか検討してやめたやろ？
すがわらのみちざね　　けんとうし

くらし

すると海外へ行く人が減るんで、中国などの
海外の情報がめっきり減っていったんや。

文化

やから海外のことが入ってこなくなったんで、
国風の名のごとく、日本の国らしい文化が
生まれて、今の日本に残って
そうなもんばかりになったんかもな。

国風文化
の特色

それまで取り入れていた唐の文化を消化して、貴族
が新たに生み出した日本独自の文化。日本の風土や
生活、日本人の感情に合っていて優美で細やか。

国風なんで、今の日本に残ってるものばかり！

[国風アイテム]　　　　　　　　　[今でいうと]

- かな文字
（『源氏物語』紫式部）
（『枕草子』清少納言）

➡

読みやすい
物語！
- ラノベ

- 和歌
（『古今和歌集』
紀貫之など）

 31文字

➡

限られた
文字数で
表現する！
- ツイッター

 140文字

➡

表に描かれて
いる！
- 十円玉

- 寝殿造（平等院鳳凰堂）

➡

たくさんの
パーツでつくる！
- プラモデル

- 寄木造

そのほかの国風文化

中尊寺金色堂、『土佐日記』紀貫之、『竹取物語』、
大和絵、絵巻物など

鎌倉文化
J時代 | 鎌倉時代

WEB は
こちら

歴史

12世紀末、武士の源頼朝が鎌倉幕府をつくり、
武力で朝廷をおさえて天下をおさめ始めたやろ？

くらし

すると武士にとって大切な名誉のために、
がんばるもんがめちゃくちゃ出てきたんや。

文化

やから武士の武力にみんなが注目するようになって、
武力＝暴力＝ぶつぞう！ってことで、
仏像が大流行。それできっと
新しい仏教が生まれたんやと思うわ。

鎌倉文化
の特色

優美な貴族の文化ではなく、武士が中心の素朴で力
強い文化。また、仏教もわかりやすく実行しやすい
新しい仏教が生まれ、武士や庶民に広まった。

武力とぶつぞう（仏像）の男らしい文化！

作者が運慶だから、うんｋが乗ってるのね。

仁王（におう）像ともいう！
◎ **金剛力士像（運慶・快慶ら）**

仁王像がある！
◎ **東大寺南大門**

常軌を逸した！
◎ **方丈記（鴨長明）**

思うがまま書いた！
◎ **徒然草（吉田兼好）**

そのままが健康的♪

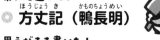

◎ **新古今和歌集が男らしい!?**

新古今和歌集（藤原定家など）は、2つの文字を「ち」と「玉」に置きかえてみると男らしくなる。「●んこきん●かしゅう」

［軍記物］

合戦をえがいた軍記物！
◎ **平家物語**

軍記物を伝えた！
◎ **琵琶法師**

なむあみと唱えれば
助かる！
◎ **法然（浄土宗）**

阿弥陀如来を信じろ！
◎ **親鸞（浄土真宗）**

そのほかの鎌倉文化

絵巻物（『蒙古襲来絵詞』「一遍上人絵伝」）、似絵、『金槐和歌集』源 実朝、『山家集』西行、時宗（一遍）、日蓮宗（日蓮）、臨済宗（栄西）、曹洞宗（道元）など

室町文化

WEB は
こちら

歴史

14 世紀後半、3 代将軍足利義満が L 時代の
利取るだけに勘合貿易で大成功したやろ？

くらし

すると商業がえらく発達しまくるし、ついでに
外国のお金（永楽通宝）がえらく入ってきてん。

文化

やから国内にお金がたくさんあふれまくって、
貴族も武士もお金を使いまくり！
そのため、ザ・金持ちみたいな、
セレブ文化が育ったんかもしれんな。

**室町文化
の特色**
幕府が京都に置かれたため、貴族と武士の文化が混
じりあった。義満のころの華やかな北山文化と、義
政のころの落ち着いた東山文化に分けられる。

お金使いまくりのセレブ文化!

[建物]

金ピカでバブリー!
◉ 金閣（足利義満）
きんかく　あしかがよしみつ

名前だけバブリー!
◉ 銀閣（足利義政）
ぎんかく　あしかがよしまさ

豪華な和風建築!
◉ 書院造
しょいんづくり

[趣味]

セレブのワイン!
◉ 茶の湯
ちゃ　ゆ

セレブの油絵!
◉ 水墨画（雪舟）
すいぼくが　せっしゅう

セレブのオペラ!
◉ 能楽
のうがく
（観阿弥・世阿弥）
かんあみ　ぜあみ

覚え方は
かん（観阿弥）
ぜんに（世阿弥）
NO（能楽）

能の誕生秘話

これワシ的につまらんからなくしてしまえ。

つまらん。
このせを
NO
じゃ
はは、かしこまりました。
部下

これを殿が「能」として名付けられた
むしろ発展しちゃったよ!!
保護せよ
はは

そのほかの室町文化 ➡ 生け花、連歌、お伽草子
いけばな　れんが　とぎぞうし
（『浦島太郎』『一寸法師』など）など
うらしまたろう　いっすんぼうし

※本当は足利義満のリーダーシップのもと、能は発展した。

桃山文化

WEB は
こちら

歴史

16 世紀、海外から宣教師ザビエルが来たり、
国内で豊臣秀吉が全国統一したりしたやろ？

くらし

すると戦がないくらしのなか、外国から来た
宣教師によって外国のものが広まったんや。

文化

やから秀吉がサルと呼ばれるだけあって、
サル→チンパンジー→一般人ってなわけで、
一般人にピッタリのものが多くなるし、
宣教師ザビエル略してザル（サル）の
影響で外国っぽいものもできたんかもな。

**桃山文化
の特色**

ヨーロッパ人（南蛮人）が来航したことで、南蛮文化
の影響を受け、仏教の影響はうすれた。新しく力をもっ
た大名や大商人の気風を反映した豪華で壮大な文化。

一般人っぽいものや外国っぽいもの多数!

千切りキュウリみたいな名前!
◎ 茶道（千利休）

千利休がつくった茶道（茶の湯から進化）。
佐藤（茶道）もキュウリの千切りも一般的!

出雲の（いつもの）!
◎ 阿国歌舞伎（出雲の阿国）

出雲の阿国が始めた歌舞伎。「いつもの」
なんて一般的!

名前がキノコっぽい!
◎ 姫路城（別名白鷺城）

壮大な天守閣をもつ城。でも名前
がキノコ風だから一般向け!

サルの住まい!
◎ 大阪城

サル（秀吉）が
建てたから
一般向け!!

名前にエイトが入った!
◎ 障壁画
（「唐獅子図屏風」狩野永徳）

屏風に絵を書いた狩野永徳。エイト（永徳）て
ナンバー入ってるからナンバー（南蛮）文化好き?

**そのほかの
桃山文化** →

陶磁器（有田焼、萩焼、薩摩焼など）、
小唄、三味線など

元禄文化

WEB は
こちら

歴史

18 世紀前半、5 代将軍徳川綱吉の行きすぎた
政治を新井白石が正徳の治で消毒したやろ？

くらし

てことは、そのころは三都（江戸・大阪・京都）を
中心に発展しすぎて汚かったんかもな。

文化

やから「新井白石」や「正徳の治」でわかるよう、
「洗い」や「消毒」といってるだけあって、
綱吉のころの元禄文化は
略してゲロ文化いうくらい汚くて
残念なものも多いかもしれへん。

**元禄文化
の特色**　江戸幕府の 5 代将軍綱吉がおさめた元禄（17 世紀末
〜 18 世紀初め）のころに、大阪や京都を中心に栄
えた町人文化。明るく活気に満ちていた。

ゲロ文化だけに頭文字は「はいちまおうか」！

は 俳諧・俳句（松尾芭蕉）

い 井原西鶴（浮世草子）

ち 近松門左衛門（人形浄瑠璃）

ま 松尾芭蕉（『奥の細道』）

お 尾形光琳（装飾画）

う 浮世絵（菱川師宣）

か 歌舞伎（近松門左衛門）

ゲロ文化で発達した
文学・芸術・芸能な
どと、それをつくった
人物たちね。

◎ どこが良いの？　あの名画！

◎ **風神雷神図屏風**（俵屋宗達）

よく見ると、おっさんの裸。まさにゲロ
文化にふさわしい。たぶんモデルは、風
呂上がりに裸で風邪ひいたおっさんと、
怒りっぽいおっさんや。

◎ **見返り**
美人図
（菱川師宣）

美人がふり向いたんじゃなくて、"美
人と思って声をかけたらブスだった"
という日常あるあるを題材にした作
品やと思うで。

そのほかの元禄文化 ➡ 『大日本史』徳川光圀、『西洋紀聞』新井白石、和算（関孝和）、人形浄瑠璃『曽根崎心中』、障壁画（狩野探幽）、蒔絵（本阿弥光悦、尾形光琳）など

化政文化
かせい

WEBは
こちら

歴史

19世紀初めごろ、11代将軍徳川家斉は、Q時代に
とくがわいえなり
急に来た外国船を追い返して鎖国を続けたやろ？

くらし

すると鎖国が続いて、海外の文化が混じらないまま
日本独特の生活をおくるわけやんか。

文化

やから文化も独特に育ちすぎたので、
地球をとびこえて「化政（火星）」って、
宇宙規模の名前をつけたんやないかな。
しかも、このころの将軍の名前は
家斉（かせい＝火星）やし。

化政文化の特色

11代将軍家斉がおさめた文化・文政（19世紀初め）
ごろ、江戸の町人を中心に栄えた文化。幕府への皮
肉をきかせたものや、江戸っ子らしい粋なものが多い。

当時の人からしたら、宇宙人的なものばかり！

日本地図が正確すぎていーの！
◎ **日本全図(伊能忠敬)**
にほんぜんず　いのうただたか

人体解剖なんてヒドすぎた！
◎ **解体新書(杉田玄白)**
かいたいしんしょ　すぎたげんぱく

人間離れしすぎてアホくさい！
◎ **富嶽三十六景(葛飾北斎)**
ふがくさんじゅうろっけい　かつしかほくさい

すごい距離で歩いたか疑わしい！
◎ **東海道五十三次**
とうかいどうごじゅうさんつぎ
(歌川広重)
うたがわひろしげ

地球（テラ）が学びの場！
てら　こや
◎ **寺子屋**

少しでももともとどおりに！
こくがく　もとおりのりなが
◎ **国学(本居宣長)**

> そのほかの
> 化政文化

十返舎一九（『**東海道中膝栗毛**』）、**滝沢馬琴**（『**南総**
じっぺんしゃいっく　　　とうかいどうちゅうひざくりげ　　　たきざわばきん　　　　なんそう
里見八犬伝』）、俳諧（**与謝蕪村**、**小林一茶**）、狂歌、
さとみはっけんでん　　　はいかい　　よさぶそん　　こばやしいっさ　　　きょうか
川柳、錦絵（**喜多川歌麿**、**東洲斎写楽**）、文人画など
せんりゅう　にしきえ　　きたがわうたまろ　　とうしゅうさいしゃらく　　ぶんじんが

近代文化・大正文化

歴史

19世紀、開国して明治になると国内は近代化し、大正時代には大正デモクラシーがおこったやろ？

くらし

すると海外から西洋の技術や考え方がくるし、民主化で主役は自分やって意識に変わんねん。

文化

やから文化を発展させよう（西洋）といろんな人が芸術や文学に挑戦しまくり♪　すると新しい西洋風の芸術が人気になって広まる一方、昔からある日本の伝統的な美も見直されたんや。

政治は選挙によって、みんなで行う時代になったけど、文化もそうや。これからの文化は、みんなでつくっていくんや。

芸術や文学が大きく発展!

[近代]

日本画

東京美術学校を設立!
◎ 岡倉天心
おかくらてんしん

日本画を復興させた!
◎ 横山大観
よこやまたいかん

WEB は
こちら

西洋画

洋画家の代表!
◎ 黒田清輝
くろだせいき

音楽

「荒城の月」をつくった!
◎ 滝廉太郎
たきれんたろう

近代文化と
大正文化には
それぞれに
アニメがあるわ。
オリジナル
覚え歌が
聴けるわよ。

文学

『若菜集』の!
◎ 島崎藤村
しまざきとうそん

『みだれ髪』の!
◎ 与謝野晶子
よさのあきこ

『たけくらべ』の!
◎ 樋口一葉
ひぐちいちよう

『一握の砂』の!
◎ 石川啄木
いしかわたくぼく

『舞姫』の!
◎ 森鷗外
もりおうがい

『坊っちゃん』の!
◎ 夏目漱石
なつめそうせき

医学

ペスト菌発見!
◎ 北里柴三郎
きたさとしばさぶろう

黄熱病の研究!
◎ 野口英世
のぐちひでよ

[大正]

大衆 ◎ 新聞 ◎ ラジオ放送 ◎ 映画
　　　　しんぶん　　　ほうそう　　　えいが

WEB は
こちら

文学

雑誌『白樺』を創刊!
◎ 志賀直哉
しがなおや

『羅生門』の!
◎ 芥川龍之介
あくたがわりゅうのすけ

労働者をえがいた!
◎ プロレタリア文学
　　　　　　　ぶんがく

映画とかラジオとか、
今でもあるものが
登場しますね。

玉先生の めちゃくちゃ ヘンテコ 暗記術集

こっからは、玉先生オリジナルの歴史暗記術を紹介するで！
「つまらん！」とか、いわんといてな。
てか、つまらん方が記憶に残りやすいかもしれんぞ。

似たもの暗記の術

歴史には、漢字や読み方が似てたり、
同じような物事だったりして、ごっちゃになってまう用語がよくある。
そんなんは、ちがいを書きくらべると覚えるで♪

平将門（たいらのまさかど）　平安中期に関東で反乱をおこした武士。失敗して殺された……

平清盛（たいらのきよもり）　平安末期に権力を手に入れた武士。成功して太政大臣にまでなった

> **覚え方**　急に反乱をおこした「まさかどうして!?」の将門で暗記！　失敗して殺されるってのも、本人からしたら「まさかどうして」やったんやろな。

六波羅探題（ろくはらたんだい）　鎌倉時代の天皇や朝廷などの監視役

京都所司代（きょうとしょしだい）　江戸時代の天皇や朝廷などの監視役

> **覚え方**　鎌倉幕府や江戸幕府は関東が中心地。やから、遠い天皇のいる京都を監視する必要があるんやったな。《J時代の流れ》（→ P.85）の6番目の方が六波羅探題や！

勘合貿易（かんごうぼうえき）　室町時代に倭寇（海賊）対策で生まれた勘合を使った貿易

朱印船貿易（しゅいんせんぼうえき）　江戸時代初期に海賊対策で生まれた朱印状を使った貿易

> **覚え方**　どっちも海賊対策だけど、室町は初体験なので、海賊におそわれケガするから看護（勘合）が必要。江戸は一度経験しているので、「飲酒しなければ、えーど」ってことで飲酒せん（朱印船）や。

五箇条の御誓文 天皇が出した明治政府の基本方針

五榜の掲示 天皇が国民に対して出した5つの禁止令

覚え方 どっちも明治維新のときに天皇によって出されたけど、「庶民の方が野菜のゴボウ」ってことで、五榜の掲示や！

日米和親条約 1854年に港を2つ開港して仲良くしよういうペリーと結んだ条約

日米修好通商条約 1858年に港を5つ開港して商売しよういうハリスと結んだ条約

覚え方 人はメリハリ（ペリハリ）の順や。中身は仲良くない相手と商売はできないってことで、先に和親（和で親しい）となるねん！

五・一五事件 1932年に犬養毅首相が殺された事件

二・二六事件 1936年に有力政治家などが殺された事件。クーデターは失敗。

覚え方 五・一五は5分の5＝1＝ワン！ってことで、犬養毅が殺される。二・二六は2×2＝6と、計算すらできなくなり、深く考えずおそって失敗！で覚えるんや。

ポーツマス条約 日露戦争の終わりを宣言する講和条約

ポツダム宣言 太平洋戦争終わりごろの日本に無条件降伏を求める宣言

覚え方 日露戦争はテニスで説明した（→ P.180）から「スポーツ（ポーツマス条約）」で、太平洋戦争は「日本沈没だ（ポツダム宣言）」で暗記や。

国際連盟 第一次世界大戦後の1920年にみんな仲良くしようと生まれたグループ

国際連合 第二次世界大戦後の1945年にみんな仲良くしようと生まれたグループ

覚え方 眠れないときに数えるヒツジの鳴き声は「メ〜（盟）」。眠った後のいびきは「ゴー（合）」。やから、連合の方が後だと覚えてくれ！

玉先生の めちゃくちゃ ヘンテコ 暗記術集

ほかにも、いろんなことわざを考えてみよう♪

秘伝！ 歴史ことわざ

みんなは「ことわざ」くわしいか？

ことわざってリズミカルやから、けっこう覚えやすいよな。やからオレは歴史ことわざをつくったんや。もともとあることわざを歴史用語でもじってるんで、きっと覚えやすいで！ 　　　　　　　 の中が、もとのことわざや。

◎ **いつまでもあると思うな人と土地**　いつまでもあると思うな親と金

大化の改新で始まったC時代の公地公民は、その後すぐD時代の奈良時代に農地を増やすためにつくった墾田永年私財法でくずれる。

◎ **尼がおったらハイリターン**　穴があったら入りたい

尼将軍といわれる源頼朝の妻の北条政子は、幕府のピンチ（承久の乱）をのりこえ安定させる。

◎ **応仁に絶望**　鬼に金棒

室町幕府は応仁の乱で荒れに荒れる。人々は絶望して各地で一揆をおこしまくった。

◎ **足利を取る**　揚げ足を取る

織田信長はほかの大名よりもエラくなるため、足利義昭を手に入れ将軍にさせた（その後、やめさせる）。

◎ **武家諸法度の上に参勤**　石の上にも三年

江戸時代、2代将軍秀忠のときにつくられた武家諸法度。3代将軍家光はその上に参勤交代を書き足した。

◎ **滅びぬ先の大政奉還**　転ばぬ先の杖

江戸幕府は滅びる前に大政奉還をしたことで江戸城無血開城になった。

◎ **出る伊藤は撃たれる**　出る杭は打たれる

初代総理大臣の伊藤博文は、日本を出て初代韓国統監になるが、撃たれて死ぬ。

歴史人物答え合わせ

この本には、いろんな歴史人物が登場しとるやろ。
でも、「なんでこんな姿なんやろ？」って疑問に感じんかったか？
じつは、それぞれの登場人物の姿にはきちんと意味がある。
ここでその一部を紹介するから、答え合わせや！

紹介してないのは
考えてみよう♪

中臣鎌足（なかとみのかまたり）
「中」と「み」の文字のかたまりや！

聖武天皇（しょうむてんのう）
伝染病がはやった苦い時代やからゴーヤや！

足利尊氏（あしかがたかうじ）
尊氏（たかウンチ）や！

徳川家定（とくがわいえさだ）
家定（イエティ）や！

井上馨（いのうえかおる）
馨（タオル）や！

陸奥宗光（むつむねみつ）
陸奥（むっつり）や！

原敬（はらたかし）
なんでもOKで働かん（？）から、原敬（働かんし）や！

まだまだある！　ヘンテコ勉強法

WEB玉塾（くわしくは、つぎのページで紹介）では、ほかにもいろんな勉強法をアニメで紹介してるから、気になるやつは一度のぞいてみるとええで♪

ここから
勉強法が
見れるねん →

こんなのがあるよ！

・カード暗記
・先生暗記
・鮭勉
・忘れにくい暗記法
など

WEB玉 って、なーに？？

「WEB玉」っていっても、
「なにそれ？ 知らなーい！」っていう人もおるやろな。
ここで簡単に説明するから、
気になったやつはホームページをチェックしてくれ！

無料のネット塾
（高校生・社会人向けが多い）

「うちはビンボーなせいで塾
に行けないから大学も良いとこ行け
ない……」、そんなんいうて、親とかのせいにしてほしくない！ 人
生をだれかのせいにして生きるのは、一番おもろないからな！
やから、**親のせいビンボーのせいって言い訳できんように**
無料の塾をつくることにしてん。それが WEB玉塾なんや。
今はネットもだいたいのやつが使える時代になったから、あきらめ
る言い訳探したり、だれかのせいにしたりす
るヒマあったら、そんなんやっとらんと、
夢のためにいっぱい努力して、人生を
おもろくするんや♪

WEB玉塾ホームページの入リ口はここよ

https://www.webtamajuku.com/

読み込んでみ↙

無料でやれてる理由

WEB 玉を始めるとき、無料にするとまわりの人にいったら「無料じゃ続かん！」といわれてお金を貯めたんや！ 今はその貯金と、バイトでお金をつくってるのと、そんなオレの活動を応援したいと**月500円寄付してくれる1口オーナーがいるから、続けられる。**その人たちからの寄付でオレは生きてる。そして生きてる限りオレは WEB 玉をやると思う！　今、WEB 玉ではアニメ授業以外にも、問題やマンガ、アプリに予備校、チャレンジハウスに出版、玉カフェって、とにかくみんなにチャンスが広がるような活動を何でもやってる♪　そんなオレが好き勝手にやる活動だし、お金もオレが好き勝手に使うけど、それでもいいなら1口オーナーになってくれるとうれしいわ♪　なり方はホームページに☆

> ◉**1口オーナーのメリット**
> WEB 玉が長く続く＆塾生からの感謝メールがたまに届く
> ◉**そんな1口オーナーに感謝メールを送るならココ**
> webtamajuku@yahoo.co.jp（件名「感謝メール」）

学校へは無料でアニメデータを配布

学校の先生が少しでも楽になって、ニコニコ元気にすごすことは、「大人っておもしろそう」って最高の教育になる♪　やから、**少しでも助けになるならってことで、先生にはアニメ授業データを無料配布**してるんで、欲しい場合はホームページの販売のページを見てみてください！　授業で好きに使っていいし、生徒にもどんどんコピーして配布してかまいませんが、そのための条件が2つあります☆

> ①**データは学校に送ります**（学校の先生以外の人が、ウソついて無料でゲットしないよう）
> ②**各学校1データに限ります**（いろんな先生が欲しいならコピーして増やしてください）

※1口オーナーのお金で無料配布できています♪

253

歴史を学ぶ意味って？

歴史好きの先生は、「**歴史は役立ってすばらしい！**」っていう。
歴史嫌いの生徒は、「**歴史なんかやってもムダ！**」っていう。
これ、どっちも正解なんや！

◎ 歴史は楽しめればええ！

　歴史の出来事って、自分と縁もゆかりもない人が過去になにをしたかって話だし、ただの暗記モノだから、学んで頭に入れてもムダだって思うのはわかる。でも、じゃあムダだから価値がないかっていうとそうじゃない！ムダでも幸せになれればいいんや♪　オレはラーメン大好きで、わざわざ１時間ならんでラーメン食べたりもする。べつに栄養補給なら栄養剤でもいいのに、ならんでまでラーメンにするのはそっちが幸せだからやろ？

　歴史もいっしょや。**ムダでも歴史がおもしろければいい！**　テレビや本で歴史物はたくさんあつかわれる。見ても読んでも過去は変わらないし、自分が歴史上の人物みたく英雄になれるわけでもない。それなのにみんな見るんはムダでもおもしろいからや。それにムダってばかりでもないかもしれんしな！

◎ 価値が出るんは学んだときじゃない！

　知識は道具や！　鉛筆でもノートでも、買って手に入れたときじゃなく、なにかを書くときに役立つやろ？　それと同じで、歴史の知識も習ったときじゃなく、**使ったときに役立って、価値を感じるんや♪**　たとえば、受験やテストでいい点数を取ったり、オレのように先生になって教えたり、知識をいかすことができたときにな（この本に出てくる「日本史鉄則」は、じつはビジネスでもいかせるんや）。

　歴史は役立つし価値があるっていってる人は、そうやって今まで自分の人生にいかしてきたからなんや。やから、今、学んで頭に入れてるときはムダに感じるかもしれんけど、頭に入れてれば、いつか未来で役立つ日が来るかもしれん！

◎ やりたくないなら、やらんでよし！

　歴史以外にも、世の中におもしろいものや役立つものはたくさんある♪やから歴史がおもしろくもなくムダだと思うなら、べつに無理してやんなくてもいいと思う。**ムダでもやりたくなるような自分が好きなものをほかで探せばいいんや♪**

　知識って道具と同じやから、使わんとどんなものも価値はない！　やから、自分が使いたくなるもん。使って価値を感じるもん。いつかみんなにそんなんが見つかったらええな♪（なんならこの本で歴史好きになるとか……）わからんときは心に聞け！　お前はどんなとき一番笑う？　きっと見つかる！　がんばれよ♪

著者紹介 **玉先生**（たま・せんせい）

WEB 玉塾塾長。大学を卒業後、中学・高校の教師になる。そのとき、経済的な事情で進学や将来の夢をあきらめる子どもが多いことを知り、教師を退職して無料のインターネット塾・WEB 玉塾を設立。アニメ授業や勉強アプリの作成のほか、合宿予備校、本の出版などをとおし、夢を目指して努力できる環境づくりのサポートをしている。おもな著書に『のほほん解剖生理学』（永岡書店）、『高 3 から追い抜く WEB 玉式 超効率勉強法』（KADOKAWA）。

監修者紹介 **本郷和人**（ほんごう・かずと）

東京大学史料編纂所教授。東京大学・同大学院で石井進氏・五味文彦氏に師事し日本中世史を学ぶ。大河ドラマ『平清盛』など、ドラマ、アニメ、マンガの時代考証にも携わっている。おもな著書に『新・中世王権論』『日本史のツボ』（ともに文藝春秋）、『戦いの日本史』（KADOKAWA）、『戦国武将の明暗』（新潮社）など。

- ● ブックデザイン　釣巻デザイン室（内山絵美）
- ● DTP　　　　　　エムアンドケイ（茂呂田剛・畑山栄美子）
- ● 企画　　　　　　日本図書センター
- ● 編集　　　　　　日本図書センター（堀田展弘）

カタチで覚える！　ギャグで覚える！
のほほん日本史入門

2020年7月10日　　初版第1刷発行

著　者	玉先生
監修者	本郷和人
発行者	高野総太
発行所	株式会社日本図書センター
	〒112-0012 東京都文京区大塚3-8-2
	電話　営業部　03-3947-9387
	出版部　03-3945-6448
	http://www.nihontosho.co.jp
印刷・製本	図書印刷 株式会社